UMA VISÃO CRÍTICA DA TEORIA DA REPRESSÃO FINANCEIRA

UNIVERSIDADE ESTADUAL DE CAMPINAS

Reitor
HERMANO TAVARES

Coordenador Geral da Universidade
FERNANDO GALEMBECK

Pró-Reitor de Desenvolvimento Universitário
LUÍS CARLOS GUEDES PINTO

Pró-Reitor de Extensão e Cultura
ROBERTO TEIXEIRA MENDES

Pró-Reitor de Graduação
ANGELO LUIZ CORTELAZZO

Pró-Reitor de Pesquisa
IVAN EMÍLIO CHAMBOULEYRON

Pró-Reitor de Pós-Graduação
JOSÉ CLÁUDIO GEROMEL

Editora da Unicamp

Diretor Executivo
LUIZ FERNANDO MILANEZ

Conselho Editorial
ELZA COTRIM SOARES - LAYMERT GARCIA DOS SANTOS
LUIZ FERNANDO MILANEZ - SUELI IRENE RODRIGUES COSTA

Marcos Antonio Macedo Cintra

UMA VISÃO CRÍTICA DA TEORIA DA REPRESSÃO FINANCEIRA

Coleção Teses
Editora da Unicamp
Campinas

1999

FICHA CATALOGRÁFICA ELABORADA PELA
BIBLIOTECA CENTRAL DA UNICAMP

C493v   Cintra, Marcos Antonio Macedo
          Uma visão crítica da teoria da repressão financeira /
          Marcos Antonio Macedo Cintra. – Campinas, SP : Editora
          da Unicamp, 1999.
          (Coleção Teses)

          1. Comércio exterior. 2. Política financeira.
          3. Economia keynesiana. I. Título.

                                    18ª CDD   – 382
                                                   – 332
                                                   – 330.156
ISBN: 85-268-0457-X

Índices para Catálogo Sistemático

1. Comércio exterior 382
2. Política financeira 332
3. Economia keynesiana 330.156

Coleção Teses

Copyright © by Editora da Unicamp, 1999

Nenhuma parte desta publicação pode ser gravada, armazenada em
sistema eletrônico, fotocopiada, reproduzida por meios mecânicos
ou outros quaisquer sem autorização prévia do editor.

Gerente de produção
Carlos Roberto Lamari
Assistente de produção
Elisabeth Regina Marchetti
Supervisão de produção gráfica
Vlademir José de Camargo
Supervisão de edição de textos
Lucélia Caravieri Temple
Editoração eletrônica
Micro Laser Coml. Ltda. – ME
Capa
Adailton Clayton Santos
Web designer
Carlos Leonardo Lamari

1999
Editora da Unicamp
Caixa Postal 6074
Cidade Universitária – Barão Geraldo
CEP 13083-970 – Campinas – SP – Brasil
Fone: (019)788.1015 – Fone/Fax: (019)788.1100
Internet: www.editora.unicamp.br

A meus pais e irmãos,
Ademar Macedo, Geraldina Cintra,
Magda, Marta Helena e Ademar Jr.

Para Antonio Rezende, Ariane, James Boeira
e Edilson de Assis, amigos inseparáveis.

Ah, por que tocar em cordilheiras e oceanos!
Sou tão pequeno (sou apenas um homem) e
verdadeiramente só conheço minha terra natal,
dois ou três bois, o caminho da roça,
alguns versos que li há tempos,
alguns rostos que contemplei.
Nada conto do ar e da água, do mineral
e da folha, ignoro profundamente
a natureza humana e acho que
não devia falar nessas coisas.

América (fragmento)
Carlos Drummond de Andrade

SUMÁRIO

AGRADECIMENTOS 11

APRESENTAÇÃO 13

PREFÁCIO 15

INTRODUÇÃO 19

Capítulo 1

A TEORIA DA REPRESSÃO FINANCEIRA, FISCAL E DO COMÉRCIO EXTERIOR 31

1. A complementaridade entre a acumulação financeira e a acumulação produtiva de capital: a política de liberalização financeira 34
2. A desmontagem das distorções sobre o comércio exterior de bens e serviços e de capitais 42
3. A racionalização da política e dos gastos fiscais 44
4. O enfoque liberalizante como um sistema que envolve a poupança privada, os recursos fiscais e o setor externo 45

Capítulo 2

UMA VISÃO CRÍTICA DA TEORIA
DA REPRESSÃO FINANCEIRA 55

1. O financiamento do desenvolvimento econômico e a
repressão financeira 57
   1.1. O papel residual da poupança no crescimento
   econômico 58
   1.2. A função ativa do crédito no financiamento do
   investimento 61
   1.3. O circuito *finance*-investimento-*funding* 66
   1.4. A capacidade de autofinanciamento do setor
   produtivo 70
   1.5. O papel do financiamento externo 72
   1.6. O manejo do *finance* e do *funding* nos mercados financeiros contemporâneos dos países
   centrais 73

Capítulo 3

AS ESPECIFICIDADES DO PADRÃO DE FINANCIAMENTO
LATINO-AMERICANO: CONTRATOS FINANCEIROS
EM CONDIÇÕES INFLACIONÁRIAS 97

1. O monitoramento do *finance* e do *funding* em
condições de inflação crônica 104
2. A experiência de liberalização financeira dos
países do Cone Sul (1973-1984) 109
3. A teoria da repressão financeira e a expansão
dos investimentos 124

CONSIDERAÇÕES FINAIS 131

BIBLIOGRAFIA 141

POSFÁCIO 151

AGRADECIMENTOS

Parafraseando *Tonio Kroeger* de Thomas Mann, afirmo que não se formam intelectuais sem renúncias e sem grupos de discussão crítica e estímulo à reflexão e à ousadia. Neste sentido, quero agradecer a meus professores e colegas do Instituto de Economia da Universidade Estadual de Campinas (UNICAMP), desde 1980, e do Centro Brasileiro de Análise e Planejamento (CEBRAP), entre 1991 e 1992, que possibilitaram a realização deste trabalho. As discussões efetuadas com os economistas Antonio Carlos Abatepaulo, Carlos Cavalcanti, Carlyle Vilarinho, Eduardo Guardia, J. Mauro Gomes, Maria Luiza Pahim, Reynaldo P. Filho, Sandra Brandão, e com especialistas de outras áreas, graças ao convívio interdisciplinar proporcionado pelo Programa de Formação de Quadros Profissionais do CEBRAP, André Duarte, Eduardo Pereira, Gustavo Ayrosa, João Vargas, Omar Thomaz e Pedro Puntoni foram fundamentais na elaboração e desenvolvimento deste livro. Porém é necessário, como de praxe, ressaltar a minha inteira responsabilidade por eventuais equívocos existentes no corpo da exposição.

Menção especial devo fazer a Mônica Baer, a João Manuel Cardoso de Mello, a Liana Maria Lafayette Aureliano da Silva, a Luis Felipe de Alencastro e a José Arthur Giannotti, pela seriedade intelectual cuja influência foi e continua sendo decisiva em minha formação.

Devo salientar que foi Mônica Baer que me sugeriu este trabalho, na forma de um *working paper*, no âmbito de uma pesquisa mais ampla, quando eu terminava os créditos de pósgraduação. Uma demonstração de confiança que culminou na elaboração de uma dissertação de mestrado e, neste livro.

Sou grato, ainda, a Luiz Carlos Mendonça de Barros, orientador que, equilibrando o rigor científico e o pragmatismo, tornou possível a finalização do presente trabalho. Os comentários de José Roberto Mendonça de Barros, José Carlos de Souza Braga e Fernando Nogueira da Costa permitiram-me reelaborar algumas questões e refinar os argumentos principais.

É claro que sem a colaboração generosa da Márcia Leitão, do José Alberto Curti e do Ademir Pietro Santos nenhuma dissertação de mestrado é possível no Instituto de Economia/ UNICAMP. Marta Helena Macedo Cintra, minha irmã, foi solidária na revisão atenta das traduções e dos originais.

Lembro, por fim, o apoio institucional do Programa de Bolsas de Mestrado do sistema CAPES/CNPq e do CEBRAP, através dos quais pude dispor dos meios necessários à confecção deste trabalho, bem como o apoio da Editora da UNICAMP e do Programa de Auxílio à Publicação da Fundação de Amparo à Pesquisa do Estado de São Paulo (FAPESP) que viabilizaram a edição do livro.

APRESENTAÇÃO

O desenvolvimento de uma dissertação de mestrado pode ser, em alguns casos, uma experiência terrível para o aluno e para o orientador. Muitas vezes ela se arrasta por intermináveis meses e torna a relação entre mestre e discípulo um verdadeiro inferno astral. O responsável pode ser um ou outro. Na maioria das vezes, os dois. As origens deste mau entendimento podem ser de diversas naturezas. As mais comuns são normalmente o despreparo de um ou a falta de interesse do outro. Em outras ocasiões, porém, a orientação de uma dissertação pode gerar momentos de grande felicidade para o professor. De qualquer maneira, acompanhar um ex-aluno em seu primeiro *solo* intelectual não é uma tarefa fácil. Encontrar o devido equilíbrio entre influência e ajuda é um teste para o professor. Afinal, o processo de criação deve ser do aluno, nesta sua primeira busca de independência e maturidade profissional.

Com Marcos Antonio, meu aluno no curso de mestrado no Instituto de Economia da UNICAMP em 1992, creio que vivi uma bela experiência. Seu primeiro passo, a escolha do tema de sua dissertação, já indicava uma trajetória vencedora. Mostrou que tinha um entendimento correto do objetivo central de meu curso, qual seja, as limitações de um mercado financeiro em um país de economia emergente. A questão do subdesenvolvimento do mercado financeiro latino-americano, principalmente a identificação de suas causas, constitui um dos temas mais relevantes para o entendimento de nossa realidade. A escolha da teoria da repressão financeira, como explicação para tal fenômeno, também foi acertada na medida em que representa uma corrente importante no campo do pensamento conservador. Por meio de uma crítica bem articulada à posição defendida por McKinnon e Shaw, foi possível discutir outras correntes do pensamento em relação ao pequeno dinamismo dos mercados monetários e de capitais na América Latina. No desenvolvimento de sua dissertação, Marcos Antonio mostrou algumas qualidades importantes. Clareza nas idéias expostas, uma linguagem articulada e bem estruturada e uma vasta e eficiente pesquisa sobre o tema. Nossas discussões sobre as questões centrais de seu trabalho sempre foram muito conceituais e articuladas com a realidade do mercado financeiro no Brasil. Suas conclusões não refletem exatamente minha opinião, mas este é um espaço inequívoco do aluno. Sua responsabilidade foi defender seus pontos de vista perante a banca examinadora. E Marcos Antonio realizou esta etapa com grande brilhantismo. Sua aprovação, por unanimidade, com distinção e louvor, representou apenas o coroamento de um trabalho sério e eficiente por ele realizado.

Agora sua dissertação de mestrado está sendo publicada pela editora da UNICAMP, com o apoio da FAPESP. Marcos Antonio pediu-me para que escrevesse esta apresentação, tarefa que fiz com muito orgulho e prazer. Convido, portanto, o leitor para que siga durante as páginas deste livro os argumentos de um brilhante aluno de economia, hoje mais economista que estudante, em sua discussão sobre algumas correntes de pensamento, que tratam dos problemas associados ao funcionamento de um mercado financeiro em países que, como o Brasil, buscam o caminho do desenvolvimento econômico.

Luiz Carlos Mendonça de Barros

PREFÁCIO

O texto de Marcos Antonio constitui uma reflexão séria sobre o papel das instituições e dos mercados financeiros no processo de acumulação de capital e, portanto, no crescimento econômico. O autor contrapõe o enfoque keynesiano sobre o financiamento do investimento à teoria da repressão financeira de McKinnon e Shaw, que influenciou muitas estratégias de política econômica na região latino-americana desde o início dos anos 70.

A partir de uma revisão crítico-teórica e da análise da experiência nos países do Cone Sul, o autor conclui que taxas de juros elevadas e políticas financeiras liberalizantes não provocam aumento de poupança, muito menos do investimento, como defende a teoria da repressão financeira.

Para isso o autor se baseia essencialmente em três argumentos. Em primeiro lugar, o papel do sistema financeiro no processo de financiamento da acumulação é mais complexo e essencial do que o de mero intermediador entre investidores e poupadores. Na verdade, o sistema de crédito torna-se o agente central no financiamento do investimento produtivo. Os bancos podem criar moeda *ex-nihilo* e administrar dinamicamente ativos e passivos, o que faz com que o financiamento do investimento não guarde uma dependência única e exclusiva da poupança. Em outras palavras, a poupança existente é um entre outros fatores condicionantes do financiamento do investimento.

Em segundo lugar, a poupança (no sentido de renda pretérita acumulada, cujo gasto foi diferido no tempo) pode desempenhar um papel relevante na consolidação financeira (*funding*) dos passivos de curto prazo das empresas inversoras e dos bancos. Assim, a disponibilidade de poupança, como lastro de um processo de *funding*, pode ser um fator importante na redução da fragilidade financeira.

Em terceiro lugar, o crescimento com estabilidade financeira requer um ambiente institucional favorável e a consolidação de mecanismo de financiamento de longo prazo, que nem sempre se desenvolvem somente através das forças de mercado e muito menos pela simples desregulamentação do mercado financeiro. As instituições e convenções desempenham um papel imprescindível na redução das incertezas inerentes aos processos decisórios, especialmente na dinâmica financeira de economias descentralizadas.

Em contextos inflacionários renitentes, como no Brasil, a tendência dos detentores de riqueza é reduzir os prazos de suas aplicações financeiras diante das incertezas quanto à evolução dos preços. Configura-se, assim, um problema central de algumas economias em desenvolvimento, negligenciado pelos teóricos da "repressão financeira": como a demanda por ativos líquidos é elevada, a capacidade do sistema financeiro de monitorar o funcionamento contínuo dos mercados de títulos e casar as posições de curto e longo prazo fica restringida.

Assim, o insuficiente desenvolvimento dos sistemas financeiros latino-americanos no que se refere a volume, prazos e condições de crédito de médio e longo prazo não deriva estritamente da "repressão", mas da elevada instabilidade, da incerteza e da falta de confiança dos poupadores e investidores. Nestes contextos, as taxas de juros negativas decorrem muitas vezes da instabilidade macroeconômica, especialmente, da aceleração inflacionária e, em menor medida, de políticas públicas de promoção do crescimento. Trata-se, na verdade, de um constrangimento estrutural à plena constituição da intermediação financeira.

A volatilidade dos sistemas financeiros das economias em desenvolvimento revela que o problema é menos de carência de poupança e mais de inexistência de mecanismos seletivos e confiáveis de direcionamento dos recursos financeiros. Isto é, a compreensão keynesiana da dinâmica bancária permite afirmar que os problemas do subdesenvolvimento decorrem da ausência de mecanismos de financiamento e de possibilidades seguras de se diferir no tempo o gasto da renda pretérita acumulada, bem como das dificuldades de canalizar esses recursos para projetos de investimento, e não de simples equívocos nas políticas públicas.

Com sua análise, Marcos Antonio faz uma contribuição importante para o debate de um dos temas mais estratégicos para a retomada do desenvolvimento da economia brasileira, que é a questão do financiamento. Nesse sentido, no momento da publicação e incorporando uma sugestão do parecerista da FAPESP, decidiu incluir um "Posfácio", no qual realiza uma breve discussão sobre o desenvolvimento do sistema financeiro latino-americano diante da implementação dos programas de estabilização econômica associados aos processos de desregulamentação financeira e ao retorno dos fluxos de capitais voluntários para os países da região nos anos 90.

Monica Baer

INTRODUÇÃO

> A enorme concentração de poder que caracteriza o mundo contemporâneo [...] coloca a América Latina em condições de flagrante inferioridade, em virtude do atraso que suas economias acumularam e das exíguas dimensões dos mercados nacionais. Desta observação decorrem diretamente duas conseqüências. A primeira é que o reencontro dos povos latino-americanos em um destino comum se imporá cada vez mais como uma idéia-força a todos aqueles que pretendam lutar contra o subdesenvolvimento; e a segunda, que a tentativa de reproduzir entre nós a experiência de desenvolvimento econômico no quadro de instituições liberais parecerá mais uma quimera a todo observador lúcido de nosso processo histórico. Frente à transnacionalização da economia, a opção do Estado liberal significa, hoje em dia, nas economias dependentes, renunciar a ter objetivos próprios, aceitar uma progressiva desorganização interna, talvez a perda do próprio sentido de identidade nacional.
>
> FURTADO,1976: 524-529

Os programas de liberalização financeira e comercial no Cone Sul (Argentina, Chile e Uruguai), a partir de 1973, estão na origem de um longo processo de reformas que culminou no chamado "Consenso de Washington".[1] Esta "nova e sábia convenção", qual seja, uma pauta de reformas exigidas da América Latina (e da periferia capitalista como um todo) pelo Banco Mundial, Fundo Monetário Internacional, Tesouro, Federal Reserve e Departamento de Estado dos Estados Unidos, bem como pelos Ministérios das Finanças dos demais países do Grupo dos 7 e pelos principais bancos internacionais credores, consolidou-se na segunda metade da década de 80. De fato, este conjunto de propostas de política econômica constitui as condicionalidades para a renegociação das dívidas externas – e para a readmissão no sistema financeiro internacional – dos países, que apresentam desequilíbrios nos balanços de pagamento e nas contas públicas.[2]

Mais precisamente, o "Consenso de Washington" se articula sob a necessidade de um programa de "ajuste" macroeconômico, com uma estabilização monetário-fiscal ortodoxa, seguido de um pacote de reformas "estruturais" indispensáveis à retomada do desenvolvimento, conforme o modelo da escola da *public choice*.[3] Trata-se de "uma *seqüência lógica* de estágios – ou o que se poderia chamar de um padrão de ajustamento *necessário* – pelos quais os países *têm* de atravessar para a retomada do crescimento" (Selowski, 1990, grifo nosso). No estágio I, a prioridade é a obtenção de um superávit fiscal primário, através do modelo tradicional de contenção da demanda do FMI. No estágio II, implementam-se as políticas liberalizantes dos mercados financeiros, do câmbio, do trabalho e de bens e serviços; privatizam-se estatais etc. Somente após a plena execução destas políticas, as economias podem retomar o crescimento e restaurar a credibilidade internacional. Ademais, apenas aquelas que mostrarem uma firme vontade política na implantação das reformas estruturais podem esperar algum apoio das instituições oficiais e/ou multilaterais de crédito (Fanelli, Frenkel & Rozenwurcel, 1990).

As diversas taxionomias destas reformas – "do caminho a ser trilhado" – incluem entre outras:

a) disciplina fiscal que implica superávit primário (descontado o serviço da dívida interna e externa) e um déficit operacional de até 2% do PIB;
b) priorização dos gastos públicos em saúde, educação e infra-estrutura;

c) reforma tributária com ampliação da base de arrecadação e corte de incentivos e subsídios;
d) liberação das taxas de juros nominais e dos controles sobre o sistema de crédito;
e) "flexibilização" das relações capital-trabalho com a eliminação de alguns "privilégios" e das interferências estatais na determinação dos salários;
f) definição de uma política cambial que assegure uma taxa de câmbio real capaz de induzir a expansão das exportações e a manutenção desta competitividade no futuro;
g) liberalização do comércio exterior através da eliminação das restrições quantitativas e redução progressiva das tarifas até atingirem uma taxa uniforme, em torno de 10%;
h) privatização das empresas estatais;
i) supressão das barreiras ao investimento estrangeiro direto e às remessas de lucros etc.

Este programa de reformas, implicitamente, postula, como estratégia para se promover a eficiência e a competitividade dos meios de produção dos países em desenvolvimento, a sua integração à economia internacional.[4] A modernização dos países latino-americanos, que tentaram, na sua maioria, se industrializar com escassa participação dos mercados de capitais e dos setores financeiros, exige, hoje, recursos externos abundantes (pagamento regular da dívida externa acumulada) e a viabilização de um setor exportador altamente competitivo, através da especialização de suas economias, aproveitando, em geral, suas bases de recursos naturais. A hipótese subjacente é que o setor externo (comércio, empréstimos e investimentos) deve financiar a reestruturação produtiva. Trata-se, então, de substituir as orientações de políticas econômicas fundamentadas no modelo de industrialização por substituição de importações pelo "modelo de capitalismo transnacional de livre mercado" (Villareal, 1984: 347), caracterizado pela minimização do papel do Estado, abertura dos mercados e desregulamentação das atividades econômicas e promoção das exportações.

Nesta concepção do desenvolvimento periférico, ao Estado não cabe definir os horizontes de acumulação. Cabe-lhe, isso sim, assegurar infra-estrutura econômica e social bem como definir e manter estáveis as regras monetário-financeiras, fiscais e salariais necessárias para que os capitais privados encontrem os seus próprios horizontes de expansão através dos mercados interno e externo. Nas palavras de Fiori (1990: 20-21), "a nova utopia conservadora propõe: desplanejamento com regras constantes. Rigorosamente o oposto do padrão desenvolvimentista".

Os programas de liberalização, interna e externa, implementados nos países do Cone Sul, representam a primeira tentativa de ruptura com a ideologia desenvolvimentista predominante na América Latina desde os anos 30. Vale dizer, foi nestes países que inicialmente a "teoria da repressão financeira, fiscal e do comércio exterior" sustentou um programa de reformas estruturais seguido pela aplicação da política de estabilização de uma economia aberta, o "enfoque monetário do balanço de pagamentos". No entanto estes programas soçobraram antes mesmo do início da crise da dívida externa, em 1982, de modo que o seu malogro deve ser explicado pelas suas características intrínsecas e não por fatores exógenos, tais como inconsistência macroeconômica, ordem seqüencial das políticas, choques externos etc., como faz a maioria dos analistas.[5]

De modo geral, estas revisões da gestão das políticas liberalizantes nos países do Cone Sul, efetuadas pelo *mainstream* internacional (Corbo & Melo, 1985a e 1985b; Edwards, 1985; Stiglitz & Weiss, 1981; Villanueva & Mirakhor, 1990), indicam quatro pontos vulneráveis neste enfoque:

a) a conta de capital deve ser o último fator a ser liberado a fim de reduzir a valorização cambial;[6]

b) a liberalização financeira precisa ser acompanhada por um fortalecimento da supervisão bancária e das regulações preventivas;[7]
c) a arbitragem internacional revelou-se um mecanismo inadequado para estancar os processos inflacionários, dada a existência de indexação formal e informal, principalmente dos salários;
d) o déficit fiscal deve ser eliminado (não o foi na Argentina).

A avaliação internacional consiste, na verdade, em uma maneira de se promoverem ajustes na implementação dos programas liberalizantes e não na lógica interna – as hipóteses e os princípios teóricos – que fundamenta os modelos neoliberais de estabilização e crescimento. Do nosso ponto de vista, o quadro interpretativo ou teórico, que dota de uma certa racionalidade os objetivos das políticas "recomendadas" pelo "Consenso de Washington", permanece nos seus fundamentos básicos o mesmo que justificou as políticas implantadas nos países do Cone Sul, e sobre o qual pretendemos desenvolver um exame crítico.[8] Assim sendo, podemos identificar a existência de um limitado processo de "aprendizado social", que culminaria na universalização das prescrições à retomada do desenvolvimento, em meados da década de 80.
Este processo fica explícito na avaliação do Banco Mundial:

os inadequados marcos normativos sobre regulação preventiva foram particularmente evidentes nos países do Cone Sul (Argentina, Chile e Uruguai), que executaram programas ambiciosos para diminuir o intervencionismo estatal em seus sistemas financeiros na segunda metade da década de 70 e enfrentaram uma crise financeira de enormes proporções no início dos anos 80. Estas crises foram propiciadas pela liberalização financeira num contexto de instabilidade macroeconômica, agravada por *erros nas políticas adotadas* (tais como a utilização de taxas de câmbio sobre-valorizadas para combater a inflação) e pela *inadequada supervisão e carência de regulação preventiva*. Essas desastrosas experiências de liberalização têm sido utilizadas, muitas vezes equivocadamente, por políticos e economistas da região para desalentar intentos de liberalização financeira. Se se desenvolve de forma correta e num contexto de relativa estabilidade macroeconômica e de políticas coerentes, a liberalização financeira não só é factível, mas também necessária para retomar o crescimento e a redução da fuga de capitais. A liberalização total do sistema deve ser precedida pelo fortalecimento do marco normativo e supervisor, assim como do restabelecimento de uma estabilidade macroeconômica sustentável (Morris, Dorfman, Ortiz & Franco, 1990: xix-xx) (grifos nossos).

Em conseqüência, nas indicações de política econômica, pós-1985, foram incluídas algumas modificações no programa de reforma, entre as quais destacamos: a possibilidade de uma política de estabilização baseada na coordenação de preços e salários; a supervisão e regulação dos sistemas financeiros; o estabelecimento de políticas cambiais ativas, que acarretam a desvalorização e possibilitam a retomada do crescimento econômico através da produção orientada para os mercados externos a fim de gerar as divisas necessárias para cumprir os serviços da dívida externa acumulada etc.

Enfatizamos que esta redefinição do padrão de desenvolvimento da América Latina se identifica *pari passu* com o paradigma de ajuste estrutural desenvolvido pelo BIRD com estreita colaboração e permanente consulta do FMI. Nesta concepção, a eficiência e o equilíbrio das economias em desenvolvimento estão diretamente relacionados com a adoção de uma estratégia de desenvolvimento orientada para o exterior. Esta estratégia pressupõe uma política econômica que estimule as exportações e a substituição de importações nos setores em que o país tem capacidade de suportar a concorrência internacional. Vale dizer, há que se promover a expansão da capacidade produtiva e da produtividade, direcionando a alocação de recursos para os setores em que o país possa tirar proveito de economias de escala, especialização e vantagens comparativas (Sampaio Jr., 1988).

A estratégia de desenvolvimento orientado para o exterior impõe-se, portanto, como alternativa aos modelos de "substituição de importações" e, no caso específico dos países latinoamericanos, à política econômica defendida pela CEPAL. Não por acaso, foi no Chile que se iniciou, em 1984, a implantação do novo paradigma, abandonando-se a política de administração da crise da dívida por um programa de ajuste estrutural destinado a impulsionar o crescimento liderado pelas exportações, com "vantagens comparativas naturais": minerais, frutas, produtos do mar e florestais. Logo depois vieram os programas de liberalização e estabilização da Bolívia (1985), Costa Rica, México e Uruguai. Uma nova onda de reformas surgiu no final da década na Venezuela e na Argentina, se estendendo ao Brasil, Peru e Colômbia.[9]

Este código universal de políticas econômicas destinadas aos países em desenvolvimento, através do chamado "Consenso de Washington", consiste, na prática, em uma atualização, que se tornou hegemônica, das políticas prescritas pelos organismos multilaterais – FMI e BIRD. A similitude das políticas do "Consenso de Washington" com as defendidas pelo FMI, desde a década de 50, fica patente na análise realizada por Lichtensztejn & Baer (1987: 89):

> há uma menção constante à necessidade de que a alocação e a movimentação de recursos se ajustem às diretrizes do mercado internacional. Isso é claro nas políticas comerciais, de preços, de investimentos e nas designadas como institucionais. É fácil advertir, atrás desse princípio, a fé nas leis do mercado e do preço único, as vantagens comparativas e um apoio declarado às estratégias de exportação ou de produção de bens comercializáveis internacionalmente.

[Ademais,] as reformas estruturais se pronunciam a favor de redução do espaço que ocupa o Estado e das funções que desempenha. [E, finalmente,] as inumeráveis cartas de intenções e memorandos de acordo entre os governos e esse organismo (FMI) costumam recair sobre questões similares: maior realismo e uniformidade das taxas de câmbio, redução de déficit fiscal e dos subsídios, liberalização de preços e no tratamento dos capitais privados, metas de endividamento externo, criação monetária e crédito interno, e restrições salariais, entre os principais.

Gostaríamos, ainda, de frisar que, no primeiro ensaio neoliberal – nos países do Cone Sul, entre 1973/1984 –, desmontaram-se as regras e instituições associadas ao funcionamento do padrão desenvolvimentista, acreditando ser possível a constituição de um modelo econômico puro de livre mercado, isto é, que prescinde da intervenção estatal.[10] Inversamente, na segunda fase – após 1985 –, vem sendo possível (em alguns países) a construção de novas formas de integração e regulação entre o setor privado, interno e externo, e o Estado.[11]

Entretanto, às inovações institucionais sobre o papel e formato do Estado agrega-se um estado de confiança que favorece a estabilização das expectativas através de acordos de comércio com os Estados Unidos (México e Chile); aportes de capital dos organismos multilaterais, notadamente, FMI e Banco Mundial (Chile); controle estatal do câmbio através da retenção das fontes de geração de divisas (petróleo no México e cobre no Chile); além de condições políticas internas capazes de impor esta estratégia (partido único no México e ditadura militar no Chile) e reestruturar a composição interna do empresariado, na verdade, formar uma nova elite de poder etc.

De acordo com Montero (1990: 109-110), desenvolve-se no Chile, impulsionada pelo modelo neoliberal, uma nova geração de empresários competitivos ou de mercado ligados às atividades modernas e ao mercado mundial:

Com a chegada do neoliberalismo no Chile, surge um modelo doutrinário no qual a busca do lucro passa a ser valorizada positivamente, e o empresário torna-se uma figura central para o progresso econômico. Este modelo foi introduzido junto com a economia de mercado e representa uma verdadeira ideologia do progresso. Uma sociedade, que valorizava os gerentes (da grande empresa estatal) e os políticos, começou a valorizar os empresários. [...] A revalorização do papel do empresário privado se logrou facilitando-lhes o acesso a recursos econômicos, acelerando a desregulamentação institucional e difundindo através dos meios de comunicação os valores e atitudes favoráveis à iniciativa privada. O resultado do conjunto destes processos foi a difusão de uma nova racionalidade baseada na concorrência e na busca do lucro. Durante o período autoritário, estes foram os valores que outorgaram legitimidade social e se ergueram, portanto, como fontes de êxito e de prestígio.

Observamos, contudo, que esta estratégia de modernização neoliberal — uma completa e paradoxal aniquilação da obra desenvolvimentista —, liderada por uma "política ativa de comércio exterior" e longe das fronteiras tecnológicas com crescente valor agregado intelectual, reproduz e amplia mercados segmentados, internacionalizados e excludentes, sinalizando um aprofundamento da desigualdade e da heterogeneidade social (Cortazar, Foxley & Tokman, 1984). Assim, a consecução de um mercado interno de consumo de massas desaparece do horizonte latino-americano. Nas palavras de Belluzzo (1992): "o ajustamento e as reformas estruturais recomendadas pelo Consenso de Washington supõem, nesta etapa de crise e impasse da ordem capitalista, o encolhimento das economias industrializadas da periferia."

Notas

1 Cf. Williamson (1990 e 1992), uma "verdadeira revolução intelectual" que converteu as elites latino-americanas e as burocracias internacionais à convicção de que não haveria outro caminho possível para o sul do continente.

2 Paradoxalmente, o "Consenso de Washington" não faz nenhuma referência à dívida externa que foi estatizada no início dos anos 80 e constitui uma das matrizes da crise fiscal da maioria dos países capitalistas periféricos. Sabe-se, no entanto, que a partir de 1985, com o Plano Brady, a redução limitada (na margem) da dívida externa passou a ser admitida, porém internacionalmente considera-se que o problema tem sido *grossly overestimated*. Cf. Bresser Pereira (1991).

3 Defendem o Estado mínimo cujo "papel é o de garantir o direito à propriedade, o seu processo de troca, e o de policiar em todos os níveis, o relacionamento entre as partes contratantes". Cf. Buchanan (1975: 163). Ver, também, Olson (1971 e 1982); Monaco & Rowley (1987).

4 Interrompe-se a formação do mercado nacional para privilegiar a integração internacional, segundo Furtado (1992: 34), "na fase atual em que se pretende derivar o dinamismo da integração internacional, o que importa é fomentar o espírito competitivo em atividades com vocação para a exportação".

5 Segundo McKinnon (1988: 31), um dos teóricos das reformas estruturais liberalizantes do Cone Sul, "grande parte do declínio da economia chilena se deve às condições econômicas mundiais adversas no início dos anos 80: a inesperada deterioração nos termos de troca dos produtos primários não-derivados de petróleo, o abrupto aumento real nas taxas de juros internacionais e a valorização do dólar que contribuiu para ampliar o custo real do serviço da dívida externa do Chile". É evidente, que todas essas variáveis e o profundo processo de inovações tecnológicas desencadeado em meados da década de 70, de uma forma ou de outra, se relacionaram com a crise dos países do Cone Sul, como de res-

to, com a de todos os outros países. Entretanto queremos salientar que atuaram sobre uma situação interna potencialmente explosiva (extremamente instável), agravada pela execução das políticas neoliberais.

6 Segundo McKinnon (1988: 35), "a adoção de uma taxa de câmbio flutuante nos anos 70 não teria solucionado o problema fundamental de se evitar a entrada excessiva de capitais e a valorização real do peso durante o processo de estabilização da economia chilena, cada vez mais aberta".

7 De acordo com Corbo, Melo & Tybout (1986: 630), "um conjunto mínimo de regulações bancárias básicas sobre as carteiras dos bancos teria impedido a crise financeira interna".

8 Devemos deixar claro que não intencionamos examinar criticamente as políticas postuladas pelo "Consenso de Washington" em si, mas os fundamentos teóricos que estão por trás tanto deste como das experiências neoliberais do Cone Sul. Para uma avaliação crítica do "Consenso de Washington", ver Tavares (1993: 79): "não basta desregulamentar, privatizar e tentar reduzir o tamanho do Estado, como ensina a doutrina neoliberal. Há que se tentar reestruturá-lo e transformar o seu padrão de financiamento (fiscal, financeiro e patrimonial), além de mudar a forma de gestão e regulação pública. É verdade que se requer um Estado forte e ágil e não um *big government* paralisante, mas sua capacidade de intervenção e regulação eficientes não deveria desaparecer e sim, ao contrário, fortalecer-se para poder encaminhar as reformas institucionais necessárias, tanto do *mercado* quanto do próprio Estado." (grifos no original)

9 Para uma análise dos limites e conseqüências do "Consenso de Washington" no Brasil, ver Cardoso de Mello (1992: 13-14, grifos no original): "é do *complexo eletrônico-mecatrônico* que vem e virá o dinamismo das economias desenvolvidas. A tendência, para nós, é a de ficarmos com os setores industriais de baixo conteúdo tecnológico: produzir, hoje, aço, alumínio ou papel não é muito diferente de fabricar tecidos, em 1930. Perderíamos, então, qualquer poder de crescimento autônomo, que deriva do investimento industrial nos *novos* setores. O ritmo de nosso desenvolvimento voltaria a depender exclusivamente do comportamento das exportações." E mais: "a globalização dos mercados financeiros e a interpenetração das estruturas empresariais quebraram as barreiras nacionais *dentro* do Primeiro Mundo e, ao mesmo tempo, *excluíram países como o Brasil como local de investimentos de ponta.* A exclusão não é absoluta, isto é, não implica a supressão do *conjunto* da indústria brasileira: nosso papel é o de exportadores de produtos industriais tradicionais e o de importadores de produtos e serviços de alta tecnologia. As transnacionais, portanto, não nos ajudarão a tentar acompanhar a Terceira Revolução Industrial. Mas também não abando-

narão suas empresas fincadas nos setores de tecnologia madura. Salvo, é claro, em caso de uma desorganização econômica tão profunda e persistente quanto a da Argentina."

[10] Nas palavras do Ministro da Economia Martinez de Hoz, na Câmara Argentina de Comércio, em 1980: "se disse não à economia fechada e à autarquia industrial. Se disse que não se deve pretender produzir tudo e de tudo no país. A abertura econômica permite não só a concorrência, mas uma maior especialização na eficiência e aproveitar as vantagens da moderna divisão internacional do trabalho" (apud Etulain, 1991: 140).

[11] Segundo Tavares (1993: 85 e 111, grifo no original), "uma intervenção muito forte do Estado (chileno) nos mercados financeiros e cambiais, com apoio de recursos externos oficiais, ajudou a atravessar a crise de 1982-84. Depois de 1985 as políticas macroeconômicas e de reconversão industrial não tiveram nada de liberais e, em todo caso, supuseram uma participação efetiva e um grau de intervenção do Estado, tanto quantitativa como qualitativamente, muito superiores às demais experiências de ajuste latino-americanas". E mais: "Chile e México são dois modelos de *Estado-forte* em que o ajuste estrutural da última década, ainda que traumático, se fez com a supremacia incontrastável da burocracia no seu núcleo central de decisões."

Capítulo 1

A TEORIA DA REPRESSÃO FINANCEIRA, FISCAL E DO COMÉRCIO EXTERIOR

> O longo declínio da Argentina, retornando do desenvolvimento ao subdesenvolvimento, pode ser atribuído diretamente à adoção da política de substituição de importação, em resposta à crise mundial da década de 1930.
>
> FUKUYAMA, 1992: 141

A estratégia de modernização iniciada na primeira metade da década de 70 nos países do Cone Sul latino-americano constitui, conforme mencionamos, um projeto de transformação da economia composto por um programa antiinflacionário e um conjunto de reformas institucionais destinados a modificar, radicalmente, o padrão de desenvolvimento econômico e de organização do Estado, predominante desde os anos 30.

Tratava-se de prosseguir em direção a um processo sustentado de auto-regulação pelo mercado, isto é, instaurar uma estratégia de crescimento assentada em mercados abertos e desregulamentados, combinado com uma nova estrutura financeira e bancária e um Estado minimizado. O modelo de crescimento sustentado no mercado interno, com uma economia fechada, deveria ser transformado num sistema de economia aberta e competitiva internacionalmente. Noutras palavras, pôr-se-ia um fim à política de substituição de importações que se consubstanciava em nacionalizações, subsídios maciços, regulamentação e intervencionismo generalizado na vida econômica, investimentos astronômicos do Estado para criar uma indústria nacional e fortes barreiras alfandegárias para protegê-la da concorrência externa, dado que foram incapazes de manter o crescimento e a estabilidade econômica. Estes seriam restaurados através do livre jogo das forças de mercado.

Vamos nos concentrar em um dos enfoques teóricos que forneceram sustentação às experiências de liberalização financeira e abertura comercial no Cone Sul. A análise das teses iniciais e da profunda revisão crítica e autocrítica que sofreu a "teoria da repressão financeira, fiscal e do comércio exterior" tem como objetivo avaliar a liberalização econômica *à outrance* como política adequada à reestruturação produtiva de um país em desenvolvimento que enfrenta fortes restrições quanto a fontes de financiamento do investimento produtivo.[1]

Os conceitos de repressão financeira, fiscal e do comércio exterior, especificamente orientados às economias em desenvolvimento, foram originalmente tratados na Universidade de Stanford (EUA), no início dos anos 70 (Shaw, 1973, e McKinnon, 1973).[2] Baseando-se em estudos comparativos entre a América Latina e o Sudeste Asiático,[3] este pensamento econômico subscreve o argumento de que o crescimento latino-americano tem sido bloqueado pela aplicação de políticas de inspiração keynesiana, reprocessadas através do enfoque intervencionista cepalino. Segundo Shaw (1973: 51 e 233),

> todas as características especiais do subdesenvolvimento não podem justificar a substituição de princípios oriundos da análise do crescimento estável por irracionalidades "estruturalistas" sobre fenômenos monetários. [...] Não existe uma peculiaridade estrutural da economia atrasada que justifique uma terapia especial.

Por repressão entende-se a situação de um mercado que enfrenta obstáculos institucionais (de política econômica e administrativos) para alcançar uma posição de equilíbrio, e, portanto, comprometem a racionalidade do processo de alocação de recursos.[4]

Para esses teóricos,[5] os governos dos países em desenvolvimento converteram-se em promotores da transformação econômica ao estimularem novas atividades industriais mediante a "substituição de importações". A estratégia utilizada foi a manipulação dos preços internos e do comércio exterior, através de concessões fiscais, proteção tarifária, financiamento bancário a baixo custo e taxas de câmbio múltiplas. Por conseguinte, introduziram "imperfeições nos mercados de produtos e de fatores" e o mecanismo de regulação do mercado, através de um adequado sistema de preços, deixa de ter eficácia na alocação de recursos. Na linguagem liberal, as "distorções" impostas pela política econômica impedem a geração de um sistema de preços de equilíbrio de longo prazo.

Os mercados dos países em desenvolvimento operam, então, de forma fragmentada. Vale dizer, os agentes econômicos se encontram diante de diferentes preços para os mesmos serviços, graças à intervenção governamental seletiva, o que determina discrepâncias nas taxas de rentabilidade dos ativos de capital e financeiros.

A partir destas observações sobre as economias em desenvolvimento, definem um conceito alternativo de desenvolvimento econômico, como "a redução da grande dispersão entre as taxas de rendimento social das inversões existentes e das novas inversões a serem efetuadas pelos empresários nacionais", dado que esta dispersão reflete a deficiente alocação do capital existente e freia a nova acumulação. Ademais, supõem que para suprimir todas as formas de fragmentação "é essencial a unificação do mercado de capitais", que aumentaria as taxas de rendimento dos poupadores internos e ampliaria as oportunidades de investimento. Sendo assim, trabalham com a hipótese

de que a fragmentação dos mercados de capitais –
endêmica nos países em desenvolvimento – gera o
uso inadequado do trabalho e da terra, elimina o desenvolvimento empresarial e condena setores impor-

tantes da economia a níveis tecnológicos inferiores (McKinnon, 1974: 10-11).[6]

O mercado de capitais reprimido é a fonte das distorções. Porém, quando liberalizado, torna-se o instrumento – a "mão invisível" – que impulsionará a igualação das taxas de rentabilidade dos ativos de capital e financeiros, bem como a adoção de melhores sistemas tecnológicos, ao garantir os recursos financeiros àqueles que possuem as melhores oportunidades de investimentos. A taxa de rentabilidade, por si só, deve permitir a clara sinalização aos agentes econômicos, na existência de um sistema financeiro que capta e empresta livremente a taxas de juros reais positivas. Elimina-se, assim, a necessidade de uma decisão "pública" em cada campo da atividade econômica.

O centro da análise desloca-se, então, da fragmentação geral dos mercados para os nexos entre os processos monetários e a acumulação de capital no mundo em desenvolvimento e transforma-se num "enfoque financeiro do desenvolvimento econômico".

1. *A complementaridade entre a acumulação financeira e acumulação produtiva de capital: a política de liberalização financeira*

O arcabouço argumentativo inicia-se estabelecendo a natureza das restrições financeiras que afetam as empresas nas economias em desenvolvimento: a falta de serviços financeiros organizados e a insuficiência dos substitutivos governamentais para os processos financeiros.

A limitada estrutura financeira dos países em desenvolvimento é dominada pelo sistema monetário, dado que a elevada incerteza sobre o futuro não permite "transacionar facilmente com instrumentos financeiros distintos do dinheiro" (McKinnon, 1974: 46).[7] Ou seja, existem poucos mercados especializados na diversificação dos títulos financeiros – bônus, ações, hipotecas etc. –, prevalecendo a intermediação através do mecanismo monetário. A moeda, M_2, definida amplamente e abarcando os depósitos do sistema bancário (que rendem ou não juros), mais as notas em poder do público, pode ser considerada o único ativo financeiro disponível. Conseqüentemente, as relações de débito e crédito na economia são muito restritas e a única fonte de financiamento das inversões seria o acúmulo de saldos monetários para o autofinanciamento. Este fica condicionado, então, pelo volume dos lucros retidos e pelo custo de oportunidade de efetuar uma poupança interna para uma eventual compra de bens de capital no futuro.

As economias em desenvolvimento apresentam uma restrição financeira – ausência de um mercado financeiro com amplas operações ativas e passivas – que impede a planificação dos investimentos produtivos de acordo com as condições técnicas do mercado. Os investimentos são, geralmente, realizados na margem e em pequenas proporções.

Noutras palavras, a pequena magnitude do sistema monetário-financeiro amplifica a incompatibilidade entre as especificidades técnicas dos equipamentos e o volume de recursos exigidos, determinando uma estrutura produtiva caracterizada por grande dispersão na taxa de rentabilidade do capital fixo, já que as empresas operam em diferentes níveis de eficiência.

Esta situação é agravada pelo fato de que as autoridades econômicas destes países utilizam o sistema monetário-bancário para financiar parcela dos gastos fiscais. Supostamente, esta é uma das poucas alternativas de que dispõem as autoridades dado que as concessões fiscais são elevadas, as operações de mercado aberto são muito reduzidas ou inexistentes e o crédito externo é incerto.

De modo geral, os mecanismos utilizados pelas autoridades econômicas para forçar o sistema bancário a prover o crédito necessário ao financiamento dos gastos fiscais são os seguintes:

i) taxa de encaixe para os depósitos, em conta corrente e a prazo, superior a 50%;

ii) controles sobre os valores máximos da taxa de juros, o que, numa situação de inflação crônica, resulta numa taxa de juros real negativa;

iii) alocação seletiva de crédito. Visto que a taxa de juros real é negativa, as autoridades utilizam este mecanismo discricionário para subsidiar determinados setores econômicos.

O resultado é um sistema financeiro fragmentado. Aqueles privilegiados que têm acesso ao crédito oficial recebem um subsídio; o restante, em compensação, tem de pagar taxas de juros reais muito elevadas no mercado informal. Os elevados encaixes sobre o sistema monetário-bancário reduzem a disponibilidade de recursos financeiros e, portanto, o montante de crédito. Finalmente, o controle sobre a taxa de juros e sobre a alocação do crédito concedido pelo sistema financeiro gera distorções na estrutura produtiva, pois aqueles "agentes econômicos favorecidos pelo governo logram créditos a taxas de juros reais negativas, o que na maioria das vezes reflete a baixa qualidade de seus projetos econômicos" (McKinnon & Mathieson, 1981: 6).

Resumindo, "o método mais usual nos países em desenvolvimento é o de manter um sistema monetário pequeno e reprimido e, então, estabelecer um acúmulo de intervenções nos mercados de produtos e de fatores, como substitutivo da intermediação bancária" (McKinnon, 1974: 121). A prática de políticas restritivas perante o mercado de capitais produziria uma situação de "repressão financeira", ou seja, implicaria níveis reduzidos de ativos monetários e de poupança financeira diante do produto nacional bruto. Isto seria reforçado pela associação com déficits fiscais financiados por emissão monetária. A elevação da inflação resultante deprimiria a demanda por ativos monetários, consolidando a preferência pelo consumo, por ativos reais (imóveis, terras etc.) e de risco (ouro, dólar etc.).

Ressaltamos que, devido às medidas institucionais restritivas, o mercado de poupança não estaria em equilíbrio, obstruindo o aprofundamento financeiro (elevação das relações dos ativos monetários e financeiros com o produto nacional), fundamental para o crescimento econômico. Enfim, a existência de políticas públicas de crédito é diretamente relacionada ao baixo nível da poupança financeira da economia de um modo geral.

McKinnon constrói, então, um esquema teórico sobre os processos monetários dos países em desenvolvimento buscando justificar o "efeito favorável da reforma monetária sobre o desenvolvimento econômico, ao aliviar as restrições financeiras sobre a formação de capital" McKinnon (1974: 81).

Para demonstrar como o dinheiro estimula o processo de acumulação de capital produtivo na presença de mercados de capitais imperfeitos e de indivisibilidades técnicas, recorre-se à postulação de que, nestes casos, a moeda e os ativos de capital seriam complementares, até o ponto em que o retorno da posse da moeda superasse aquele dos ativos de capital.[8]

Define-se, a partir daí, uma função demanda por dinheiro real, L,

$$(M/P) = L(Y, I/Y, d - P^*)$$

sendo,

M/P — os saldos monetários reais, onde P representa um índice de preços;
Y — a renda corrente;
I/Y — a relação entre o investimento e a renda corrente;
$d - P^*$ — a expectativa sobre o rendimento real da moeda, onde d representa a taxa de rendimento nominal da posse de meios de pagamento (depósitos bancários à vista e a prazo mais o meio circulante), e P^*, a taxa esperada de inflação.

A função L inclui a demanda por dinheiro para transações, através de Y; e para o processo de acumulação de capital, através da relação I/Y.[9] Além disso, incorpora a variação no custo de oportunidade de se reter dinheiro, na expressão $d - P^*$.

Destacamos que esta equação de demanda contraria um axioma básico das teorias monetárias ortodoxas,[10] ao estabelecer uma relação positiva entre a acumulação de capital e os haveres monetários. Estes são claramente definidos como um "condutor" dos processos de investimentos.
Em seguida, define-se a função investimento, F,

$$I/Y = F(r, d - P^*)$$

sendo,

r – a taxa de retorno dos ativos de capital.

O investimento seria, então, uma função de r (taxa de retorno dos ativos de capital) e de $d - P^*$, a taxa de rendimento real da moeda, como definida anteriormente. Devido à complementaridade entre moeda e ativos de capital, o investimento seria incentivado até o ponto em que $r = d - P^*$. As autoridades monetárias deveriam permitir um aumento da oferta monetária nominal, até aquele indicador. Isto é, "o sistema bancário tem de expandir até que o rendimento real da moeda mais o custo marginal de proporcionar serviços bancários dêem um resultado igual à rentabilidade marginal sobre novas inversões" (McKinnon, 1974: 148).

O aumento da rentabilidade real da moeda (aumento da taxa de juros nominal sobre os depósitos bancários, queda da taxa de inflação, abertura de novos serviços bancários etc.) pode acrescentar pronunciadamente a propensão a poupar e, por conseguinte, ao investimento. Estabelecem-se, então, os fundamentos entre o crescimento e a demanda por ativos financeiros.

O risco de crédito se reduz com o aumento da liquidez monetária, possibilitando aos bancos assumirem um papel de "emprestadores ativos" e, assim, "os empréstimos outorgados pelas instituições financeiras têm a missão de romper os limites do autofinanciamento e aplicar a poupança de forma mais eficaz" (McKinnon, 1974: 78). Ou seja, o sistema monetário-financeiro se torna mais eficiente e o volume total de inversões aumenta.

Enfatizamos que a construção teórica – o modelo de acumulação de dinheiro e de capital – para mitigar a "repressão financeira" culmina na expansão do crédito bancário aos investidores. Mais especificamente: para se promover o desenvolvimento – a equalização das taxas de retorno dos diversos ativos – exigem-se transferências inter e intra-setoriais de extraordinárias magnitudes e "um amplo sistema bancário (com instituições monetárias e não monetárias) mostra-se absolutamente capaz de realizar isso com alto nível de eficiência, mediante as ações voluntárias das empresas e das famílias" (McKinnon, 1974: 121). Desta forma, justifica-se a reforma monetária e bancária para estimular o crescimento da produção ao aumentar a propensão a poupar e a qualidade da formação de capital.[11]

A política adequada para produzir o aprofundamento financeiro seria incentivar a posse da moeda, elevando a sua taxa de retorno, contribuindo para elevar a poupança. Para isso, deve-se aplicar uma política de *real finance*, estimulando ativos monetários e não monetários e unificando os mercados de capitais.

Assim, a questão essencial do processo de liberalização financeira é a existência de altas taxas reais de juros. Segundo McKinnon (1974: 141), "as taxas reais de juros ótimas sobre depósitos e empréstimos, que as economias em desenvolvimento têm de se esforçar para atingir, são surpreendentemente elevadas (de 14 a 26% a.a.)". As vantagens de um incremento das taxas reais de juros sobre as operações ativas e passivas que refletem a escassez de capital da economia são:

i) concentra um enorme montante de recursos das famílias e das empresas no sistema financeiro organizado;
ii) aumenta a propensão dos residentes aos depósitos em moeda nacional, estimulando o retorno de capitais aplicados no exterior em busca de melhores rentabilidades;
iii) desvia a inversão de usos inferiores, pois os setores cuja taxa de retorno for inferior à taxa de juros possuem duas alternativas, ou substituem a tecnologia

atrasada por uma capaz de elevar a rentabilidade e desta forma incrementam a taxa de crescimento global, ou contraem sua produção, o que não representa um problema, pelo contrário, tem um aspecto positivo, qual seja, "nos países em desenvolvimento os recursos liberados por atividades inferiores são tão importantes quanto os novos recursos líquidos de poupança" (McKinnon, 1974: 15).

Subsidiariamente, uma elevação pronunciada das taxas reais de juros sobre depósitos bancários, mantendo-se as finanças públicas sob controle (leia-se superávit fiscal), seria suficiente para reduzir as persistentes expectativas inflacionárias. "A inflação de preços acabaria à medida que os agentes econômicos deslocassem suas preferências das mercadorias para o dinheiro" (McKinnon, 1974: 129). Isto é, a existência de aplicações financeiras rentáveis induziria os possuidores de riqueza a uma mudança de comportamento: uma redução dos gastos em consumo e nas aplicações em ativos reais e de risco (*inflation hedge*). Este aumento da poupança financeira e da estabilidade possibilitaria a expansão dos empréstimos bancários, dos investimentos e da produção agregada. Trata-se de um modelo de estabilização de preços, "heterodoxo e encabeçado pela intermediação bancária", derivado da experiência coreana de 1965, como já afirmamos.

Em resumo, a teoria da "repressão financeira" se sustenta em torno de duas idéias básicas: uma, de que a elasticidade da poupança à taxa de juros é positiva, e a outra, de que a poupança acumulada *ex ante* é a forma de se financiarem os gastos em investimento.

O mercado financeiro é entendido como um sistema que permite a interação entre aqueles agentes econômicos que poupam e os que investem. Os poupadores recorrem ao mercado para converter recursos presentes num fluxo de renda futuro; os investidores o fazem porque requerem crédito para financiar seus projetos de investimentos.

Neste sentido, o mercado financeiro deve ampliar o leque de opções e perspectivas para os poupadores e contribuir potencialmente para uma seleção dos projetos de inversão, redundando melhores taxas de crescimento. Enfim, a existência de um mercado de capitais é um fator que deveria contribuir positivamente para o desenvolvimento econômico, pois elimina as restrições financeiras e rompe os limites do autofinanciamento. Tudo isso leva os teóricos da repressão financeira a sugerir uma completa e profunda liberalização do mercado de capitais para lograr um maior desenvolvimento do mercado financeiro, através das seguintes medidas:

i) liberalização da taxa de juros;
ii) eliminação dos controles seletivos de crédito, tanto quantitativos como qualitativos, sobretudo a supressão das operações de redesconto entre os Bancos Centrais e os bancos comerciais para refinanciamentos e linhas especiais de créditos;
iii) redução das taxas de encaixe;
iv) reforma tributária que somente gravaria a parte correspondente aos juros reais dos depósitos a prazo.

O objetivo último de todas estas propostas de reformas estruturais seria o estabelecimento de um mercado financeiro, em que as decisões de poupança e investimento seriam determinadas estritamente pelas forças de oferta e demanda de moeda que determinariam a taxa de juros.[12] Noutras palavras, o *laissez-faire* aplicado ao mercado de capitais conduziria à alocação ótima dos recursos de poupança e de capital produtivo. Nas palavras de Shaw (1973: 77), "a essência da liberalização financeira é soltar as taxas de juros, de modo que venham a refletir a escassez da poupança e estimular a poupança, viabilizar taxas acessíveis de retorno ao investimento e discriminá-los de forma mais efetiva". A tarefa das autoridades econômicas deveria limitar-se exclusivamente a velar pela implementação das regras gerais.[13]

2. A desmontagem das distorções sobre o comércio exterior de bens e serviços e de capitais

As políticas de comércio exterior são igualmente repressivas: tarifas alfandegárias com grande dispersão, licenças e quotas de importações, depósitos prévios à importação, isenções para produtos favorecidos, proibições explícitas para algumas categorias de produtos, lei dos similares nacionais etc. Tudo isso permanece associado a complexas estruturas de taxas de câmbio múltiplas, geralmente sobrevalorizadas, devido à inflação interna, que impedem o crescimento das exportações e criam uma aparente "escassez" de divisas. O resultado desta intervenção estatal nos movimentos internacionais de bens e serviços é uma estrutura de preços relativos desalinhados com os internacionais, bem como a persistência dos estrangulamentos no balanço de pagamento.

Desta forma, eliminar as alterações artificiais de preços é um elemento-chave no processo de liberalização, visto que restrições ao comércio exterior fazem com que a estrutura dos preços nacionais seja divergente da estrutura internacional, pois elevam o preço interno do produto protegido e reduzem a remuneração dos exportadores.

A estratégia apropriada para o setor externo envolveria uma liberalização comercial plena, isto é, não seletiva, com a imposição de "uma tarifa uniforme, digamos de 10 a 20%, sobre todas as importações" (McKinnon, 1974: 174).[14]

A abertura comercial, ao eliminar controles e tarifas de importações, cria uma importante referência externa para os preços, dissolvendo, em grande medida, o poder de fixação de preços dos oligopólios e impondo uma nova racionalidade ao processo de alocação de recursos na economia.

O manejo adequado da abertura comercial, acrescido de uma política fiscal restritiva e de taxas elevadas de juros reais, faz a taxa de inflação convergir para os níveis internacionais. Supõe-se que os custos inevitáveis em termos de produto e renda sejam perfeitamente "absorvíveis" pela sociedade.

De acordo com essa estratégia, a convergência para a estabilização se dá a partir do cálculo individual de cada agente econômico, na observância estrita de critérios maximizadores de seus interesses particulares. São sinais emitidos pelo mercado que, ao balizarem as decisões individuais, produzem a convergência.

A liberalização comercial, no entanto, deveria ser precedida de uma desvalorização cambial substantiva, a fim de estabelecer uma taxa de câmbio "de equilíbrio", associada ao livre comércio, o que implica a manutenção da pauta de exportações. Objetivando uma política de câmbio realista, indica-se que a taxa de câmbio flutuante evitaria possíveis valorizações cambiais. Mas, também, seria necessário controlar as transações de capital:

> Durante a liberalização os motivos para restringir o uso de capital externo de curto prazo – em particular os créditos de fornecedores para importação – podem ser muito fortes, como suplemento de uma política de taxa de câmbio. [...] Apesar da sabedoria convencional, o capital externo pode não ser necessário para permitir a alavancagem do processo de liberalização. Pelo contrário, há circunstâncias em que seu uso deveria ser deliberadamente rejeitado (McKinnon, 1974: 205-206).

Cabe esclarecer que o momento ideal da abertura financeira externa num processo de liberalização econômica constitui uma questão controversa no pensamento liberal. Para os teóricos da repressão financeira, a escassez de poupança nos países em desenvolvimento seria um problema a se resolver internamente, por meio da elevação das taxas de juros.[15] A entrada de capitais externos inibiria o desenvolvimento do sistema financeiro doméstico, pois a supressão das restrições cambiais amplificaria enormemente a liberdade de os agentes econômicos – residentes e não-residentes – efetuarem operações ativas e passivas denominadas em moeda estrangeira, que não poderiam ser contidas apenas com medidas transitórias de restrições administrativas sobre a entrada de capitais externos de curto prazo. Para McKinnon (1974: 199), "as taxas de juros nominais internas parecem muito elevadas para os estrangeiros que contam com a opção de repatriar suas inversões de curto prazo a uma paridade estável da taxa de câmbio". Ou seja, incentivos privados para movimentar capitais através dos mercados cambiais podem ser gigantescos durante um processo de liberalização, dados os pronunciados aumentos nas taxas de juros sobre os ativos financeiros internos, as significativas variações reais e esperadas nos preços das divisas etc.

Na verdade, a preocupação de McKinnon era evitar o problema verificado na experiência coreana, qual seja, a combinação de taxas de juros internas elevadas e câmbio fixo gerou uma enorme entrada de capitais externos, dificultando o controle monetário e valorizando a taxa de câmbio real. A valorização cambial associada ao programa de redução das tarifas alfandegárias poderia deteriorar sobremaneira as condições de preços dos exportadores e, portanto, da balança comercial, gerando riscos sobre a viabilidade e/ou sustentabilidade das reformas estruturais. Numa palavra, a transformação do setor externo da economia em direção a um maior volume de exportações e importações exigiria deliberadamente que se evitasse um influxo maciço de capitais estrangeiros.[16] Assim, as restrições sobre a conta de capital do balanço de pagamentos deveriam ser levantadas somente *depois* de eliminadas as distorções sobre comércio exterior.

3. A racionalização da política e dos gastos fiscais

A estrutura tributária dos países em desenvolvimento, geralmente, está calcada em impostos indiretos e sobre o comércio exterior (importações e exportações). Porém "o problema não reside na tributação indireta *per se*, mas nas distorções de que esta tem sido objeto a fim de proporcionar incentivos à industrialização por substituição de importações" (McKinnon, 1974: 170).

As políticas públicas de incentivos e subsídios fiscais, creditícios e de tarifas dos serviços públicos e das estatais, bem como a imposição de tarifas alfandegárias, além de perturbarem a alocação eficiente dos recursos, são fontes de perdas das receitas fiscais, gerando uma tendência a déficits públicos, que precisam ser financiados pelos Bancos Centrais, dada a ausência de mercados de capitais para absorver a dívida pública. Assim, a excessiva emissão nominal de moeda provoca inflação e agrava a repressão financeira, ao diminuir a rentabilidade real da moeda.

Impõe-se a necessidade de uma racionalização da política tributária e dos gastos públicos. É fundamental que a política fiscal possibilite ao governo prescindir do financiamento inflacionário, condição essencial para uma profunda monetização da economia. Em grandes linhas, a reforma tributária sugerida constitui a "introdução de um imposto *uniforme* sobre o valor agregado (IVA), digamos de 15%, para todas as mercadorias internas e externas destinadas ao consumo final, arrecadado conforme o princípio do *destino*" (McKinnon, 1974: 175-177, grifos no original).[17] Os produtos de exportações estariam isentos do IVA, o que aumentaria sua competitividade, permitindo reorientar o desenvolvimento: da substituição de importações à expansão das exportações e, assim, resolver a escassez de divisas que afeta os países em desenvolvimento.

São explicitamente destacados dois méritos do IVA num processo de liberalização: "i) evita a tributação múltipla ou diferencial de mercadorias; ii) grava o comércio exterior e a produção nacional com a mesma alíquota" (McKinnon, 1974: 179).

4. O enfoque liberalizante como um sistema que envolve a poupança privada, os recursos fiscais e o setor externo

O paradigma da "liberalização plena" estabelecido por McKinnon entende que o sistema econômico é auto-regulado, basicamente estável e tende ao equilíbrio se for entregue ao seu livre movimento. Os procedimentos básicos de uma liberalização ótima são: as autoridades econômicas tratam de recuperar a poupança do setor público, através da racionalização da política de arrecadação e dos gastos fiscais e, assim, eliminam a dependência com relação aos créditos do Banco Central. Simultaneamente, as taxas de juros sobre depósitos e empréstimos são aumentadas para estimular a poupança privada no sistema financeiro formal. O pronunciado nível das taxas de juros nominais deve refletir a existência de expectativas inflacionárias na economia. Entretanto, as taxas de juros nominais devem ser gradualmente reduzidas, acompanhando o declínio da inflação, até se assegurar uma equalização com as taxas de juros reais externas. O patamar da produção e do emprego tenderia, então, a se ampliar com a eliminação da restrição financeira à acumulação interna de capitais, lograda pelo aumento da taxa de juros real sobre os depósitos bancários. Fica implícito que os controles de preços internos, inclusive dos salários, os subsídios fiscais e creditícios, e os controles cambiais seriam progressivamente eliminados.

Deslocando o estrangulamento financeiro interno, público e privado, impõe-se uma transição para um regime de livre comércio: "reduzir, *por igual*, as restrições em todas as categorias de importações" (McKinnon, 1974: 194, grifo no original). Para compensar a perda de proteção formal às indústrias substitutivas de importações, realiza-se uma desvalorização cambial. Ademais, uma taxa de câmbio flexível ou flutuante é recomendável para manter o equilíbrio da balança comercial.

A expectativa é de que uma ação recíproca entre a desvalorização e o sistema financeiro interno liberalizado permita um acelerado crescimento das exportações, capaz de contrabalançar a ampliação das importações bem como o impacto negativo sobre as indústrias substitutivas não competitivas.

Com a liberalização dos controles cambiais, a taxa de câmbio deve depreciar lentamente, após a desvalorização inicial, refletindo a diferença entre as taxas de juros nominais internas e externas. Com isso evita-se um célere movimento de capitais de curto prazo com elevado potencial desestabilizador e alonga-se o período de ajuste da indústria doméstica.[18]

Concluindo: a liberalização das finanças internas, do comércio exterior e da política fiscal permite a retomada do crescimento equilibrado, sob a liderança das exportações.[19] Tendo isto em conta, podemos afirmar que a chamada Teoria da Repressão Financeira, Fiscal e do Comércio Exterior, na verdade, é uma prescrição de ordenamento institucional: uma estratégia para o crescimento econômico através da plena liberalização dos mercados financeiros, do levantamento das restrições ao comércio exterior e da eliminação da insuficiência fiscal.[20]

Entre a formulação teórica e a autocrítica de McKinnon,[21] quinze anos depois, a associação entre as teses de liberalização e desenvolvimento econômico ganhou enorme projeção, transformando-se na "nova ortodoxia nos meios acadêmicos assim como nas principais instituições internacionais que fornecem linhas básicas de ação política aos países em desenvolvimento" (Cho, 1986).

Nas palavras de Balassa (1982), um dos principais formuladores de políticas do BIRD,

> a eliminação de distorções nos mercados de bens e fatores se reforçam umas às outras. Em particular, o impacto favorável da liberalização do comércio se acentua caso se removam simultaneamente as distorções nos mercados de capitais e vice-versa. [...] Os aumentos na poupança, que são conseqüência da alta nas taxas de juros, permitem levar a cabo inversões nas indústrias de alta produtividade à medida que se liberalizam os fluxos de comércio. Ao mesmo tempo, a liberação do comércio torna possível o uso eficiente da poupança gerada através da taxa de juros real positiva.

Trata-se da visão, que se tornou hegemônica, de que uma vez removidas as distorções, a economia entra num "círculo virtuoso" em que todos os efeitos do mercado são positivos e se reforçam mutuamente: com mercados livres, as forças dinâmicas do capitalismo levariam os países em desenvolvimento naturalmente ao crescimento e à prosperidade. Este enfoque foi plenamente adotado nas experiências liberalizantes do Cone Sul latino-americano, que desconsideraram as contradições e os riscos intrínsecos ao uso do capital estrangeiro para assegurar a liberalização do comércio externo e promover a reestruturação produtiva. Para as elites dirigentes desses países, uma nova estrutura financeira e bancária com mercados abertos e desregulamentados, combinada a um Estado minimizado, seria o suporte interno por onde fluiriam os capitais internacionais, atraídos por uma economia aberta e um mercado dinâmico.

Notas

1 Sobre o "enfoque monetário do balanço de pagamentos", outra referência importante para se compreender a experiência liberal no Cone Sul, ver Frenkel & Jonhson (1976); Jonhson (1977); Solimano (1987); Damill, Fanelli, Frenkel & Rozenwurcel (1988); Quijano & Forteza (1987).

2 Com esta nova literatura econômica, que promovia a ampliação dos mercados financeiros, criou-se o Programa de Desenvolvimento de Mercados de Capitais na OEA, sob a iniciativa do governo americano.

3 A formulação desta teoria recebeu fortes influências dos estudos e prescrições de E. S. Shaw, John G. Gurley e Hugh T. Patrick, que participaram de uma missão do governo americano para elaborar uma proposta de reforma financeira para a Coréia do Sul, em 1965. Através da elevação das taxas de juros nominais, ocasionou-se um grande aumento da poupança financeira. Cf. McKinnon (1974: 132).

4 Argumentos similares foram apresentados nos anos 30, em debate com Keynes, por Ohlin (1987: 160, grifos no original): "se um governo autoritário fixa uma taxa de juros muito mais baixa que a taxa que prevaleceria em um mercado livre, durante qualquer período a poupança e o novo investimento *ex post* permanecem, todavia, iguais, muito embora se verifique que a quantidade de crédito *oferecida* tenha sido menor que a *demandada*, ocorrendo uma espécie de 'racionamento'. Vale lembrar que o mercado de crédito reage da mesma maneira que o de bens, quando são fixados preços máximos." Na verdade, Shaw, McKinnon e Ohlin estão associados à tradição da teoria de poupança e investimento de Estocolmo, também conhecida como teoria wickselliana da taxa natural de juros ou teoria dos fundos de empréstimos (Wicksell, 1911, e Silva, 1991).

5 Embora não idênticos, os argumentos e conclusões das obras de Shaw e McKinnon não possuem diferenças substantivas, fazendo com que essa teoria seja associada a ambos. Privilegiaremos a formulação de McKinnon por ter acompanhado mais de perto a implementação de suas sugestões no Cone Sul e realizado algumas avaliações críticas.

6   Encontramos argumentos similares em Wicksell (1911: 13): "se bancos são abertos num país que anteriormente carecia deles e no qual a maior parte do dinheiro ficava escondida em 'caixas-fortes e cofres', esse dinheiro passará então à circulação; por esse motivo, além do aumento do espírito de empresa, os preços se elevarão de modo mais ou menos acentuado."

7   Argumento semelhante aparece em Wicksell (1911: 71): "nos países onde o crédito organizado – o sistema bancário e o mercado de capitais – se encontra ainda em desenvolvimento, as disponibilidades de caixa seriam freqüentemente maiores e o giro dos negócios exigiria grandes quantias."

8   A partir das hipóteses de mercados de capitais perfeitos, divisibilidade técnica e moeda neutra haveria o efeito substituição entre ativos de capital e dinheiro, na medida em que uma baixa taxa de juros induziria à compra de ativos de capital. Este modelo seria inadequado para os países em desenvolvimento, ou seja, as hipóteses da teoria monetária convencional seriam válidas tão-somente para os países desenvolvidos. Conforme McKinnon (1974: 49): "tanto as teorias neoclássicas como a keynesiana foram concebidas para economias maduras, com mercados de capitais em funcionamento, e podem ser danosas se aplicadas de forma acrítica em economias fragmentadas." Para uma avaliação crítica destas hipóteses, ver Ferreira; Freitas & Schwartz (1992: 198 a 200): "não há por que supor que os países desenvolvidos tenham tecnologia perfeitamente divisível ou mercados de capitais perfeitos. Também é irreal supor que nestes o crescimento se dá com queda na participação de haveres monetários, que competiriam com os ativos de capital. [...] não existe justificativa lógica para adotar hipóteses diferenciadas para países de graus de desenvolvimento diverso no âmbito de variáveis tão gerais como os agregados macroeconômicos." E mais: "uma vez que a diferenciação da teoria monetária postulada por Shaw e McKinnon não se sustenta, a teoria da repressão financeira perde sua roupagem de teoria do desenvolvimento (no sentido de postular uma etapa necessária)."

9   Esta demanda de dinheiro para a acumulação de capital é formalmente semelhante ao motivo *finance* de Keynes. A diferença fundamental, que será tratada mais adiante, reside no fato de que para Keynes não existe a necessidade de poupança previamente acumulada para o sistema bancário avançar o crédito que financiará a aquisição dos novos ativos de capital.

10 Nas teorias monetárias ortodoxas (M. Friedman, H. G. Johnson, D. Levhari e D. Patinkin, R. Mundell), a moeda constitui apenas meio de troca e os mercados de capitais operam perfeitamente e sem custos para igualar os rendimentos de todos os ativos reais e financeiros com uma só taxa

de juros real. Ou seja, o sistema monetário-bancário não tem nenhum papel especial a desempenhar no processo de acumulação de capital. No entanto, o modelo neoclássico "não é facilmente transferível para economias pobres e fragmentadas" McKinnon (1974: 60).

[11] O pressuposto subjacente à argumentação de McKinnon fica explícito em Wicksell (1911: 11-12, grifo no original): "no sentido moderno, poupar supõe entregar as poupanças a um banco, que as empresta o mais rápido possível a alguma empresa, que empregará essa quantia de modo *produtivo*."

[12] Salientamos que essa idéia – uma taxa de juros que mantém a igualdade entre a poupança e o investimento – se encontra presente nos trabalhos de Wicksell (1911: 193, grifos no original): "a taxa de juros que faz com que coincidam perfeitamente a *demanda de capitais e a oferta de poupança*, que mais ou menos corresponde ao rendimento que se espera obter do capital de nova produção, será então a taxa de juros real, normal ou natural, e essencialmente variável. Se as perspectivas de emprego de capital são mais promissoras, a demanda será maior do que a oferta; então se elevarão as taxas de juros, estimulando a formação da poupança ao mesmo tempo que a demanda de capitais por parte dos empresários se contrai quando alcança um novo ponto de equilíbrio, com uma taxa de juros ligeiramente mais alta. Ao mesmo tempo se irá alcançar *ipso facto* (falando em termos gerais, e se não intervêm aí outras causas perturbadoras) o estado de equilíbrio no mercado de bens e serviços, de forma que não se alterem os salários e os preços." Devemos esclarecer que o modelo wickselliano resulta da interação da taxa natural de juros com a taxa de juros de mercado. A taxa natural de juros possibilita a igualdade, *ex ante*, entre investimento e poupança fazendo com que a economia se mantenha em sua trajetória de equilíbrio de longo prazo. A moeda não exerce qualquer influência sobre esta taxa de juros. A taxa de juros de mercado é determinada pela oferta e demanda de fundos emprestáveis, o que lhe confere um caráter eminentemente monetário. Desta forma, os empresários somente tomarão empréstimos quando a taxa de juros de mercado for inferior à taxa natural, de sorte que a transformação de capital dinheiro em capital real irá representar ganhos, dado que a taxa de juros natural, que é regida pela taxa de lucro, será superior à taxa de juros que eles terão de desembolsar, em termos monetários. O fato de a moeda e o crédito exercerem alguma influência sobre a taxa de juros de mercado constitui uma inovação importante introduzida por Wicksell na análise dos fenômenos monetários. Porém a "âncora" representada pela taxa natural de juros, determinada apenas por variáveis reais, o mantém preso à tradição clássica. A completa ruptura com esta tradição somente ocorrerá com a teoria da preferência pela liquidez de Keynes (1936).

[13] A despeito de possuírem preocupações iniciais distintas – um busca o aprofundamento financeiro e o outro, evitar tendências inflacionárias ou deflacionárias –, acredito que o enfoque de Stanford (EUA) se distancia da concepção de Wicksell nas indicações de política econômica no que tange ao monitoramento dos sistemas monetário e bancário. Ao contrário dos teóricos da liberalização financeira, Wicksell argumentava que "a única possibilidade de exercer um controle racional sobre o nível de preços deve residir em outra direção: regular adequadamente a política de juros dos bancos" Wicksell (1911: 216).

[14] Ademais, "se bem que um sistema tributário uniforme para o comércio exterior constituiria um grande avanço para os países em desenvolvimento, não seria a solução 'ótima', já que persistiriam incoerências com os outros impostos" (McKinnon, 1974: 174).

[15] Esta idéia *sui generis* de que os países em desenvolvimento não precisam de recursos externos para o crescimento transparece, também, quando trata do papel do investimento estrangeiro direto: "parece improvável, que o uso da empresa multinacional como o melhor meio de absorver a tecnologia moderna e a capacidade administrativa seja compatível com o desenvolvimento empresarial e financeiro interno" (McKinnon, 1974: 212).

[16] Outros autores, tais como A. Krueger, M. Michaely, defendem uma posição radicalmente inversa: o apoio de crescentes fundos de capitais externos seria necessário para minimizar as fricções e os custos (desemprego, falência de empresas etc.) dos ajustes associados a estas políticas. Cf. Krueger (1978 e 1981). Para um resumo deste debate entre os liberais, ver Edwards (1990).

[17] De acordo com o "princípio de origem", a produção seria tributada "na própria fábrica", segundo o "princípio do destino", no momento do "consumo". Este último, para o autor, seria mais conveniente aos países em desenvolvimento porque possibilitaria a tributação dos produtos importados.

[18] O uso da taxa de câmbio como instrumento de controle monetário interno foi explicitamente alentado. O anúncio do preço futuro das divisas, apontando uma gradual desvalorização afastaria as operações com capitais de curto prazo, à medida que ampliaria os seus custos, evitando-se, assim, um aumento indesejado das reservas internacionais e da dívida externa de curto prazo no Banco Central. Cf. McKinnon (1974: 204).

[19] No mesmo sentido, Wicksell (1911: 113): "uma taxa de juros alta estimula a poupança, e ela, como sabemos, é equivalente à redução do consumo presente. Por outro lado, uma taxa de juros alta restringe a expansão das atividades das empresas, exigindo delas uma nova captação de capitais e as forças produtivas do país serão mais intensamente utilizadas que antes para produzir mercadorias de consumo imediato. Além disso,

a dificuldade de obter empréstimos obriga a que os estoques disponíveis sejam vendidos etc. Em outras palavras, diminui a demanda de bens e serviços, ao mesmo tempo em que sua oferta aumenta; os preços caem, as importações são restringidas, porém a exportação é estimulada."

[20] É nesse sentido que Pinto (1992) denomina o paradigma ortodoxo ressuscitado nos anos 70 de "economia instrumental".

[21] De acordo com McKinnon (1988: 9), "sem retroceder à visão mais antiga que exalta as medidas de repressão financeira como sendo instrumentos potencialmente desejáveis de políticas públicas, hoje reconhecemos que nosso conhecimento sobre a melhor forma de atingir a liberalização financeira permanece seriamente incompleto".

Capítulo 2

UMA VISÃO CRÍTICA DA TEORIA DA REPRESSÃO FINANCEIRA

> É difícil entender como sem ajuda, sem enquadramento nem controle, o *laissez-faire* poderia enfrentar os novos e grandes desafios do século XXI. [...] Esses países (em vias de desenvolvimento) não deveriam se apressar em liberar, de todo e qualquer controle, os movimentos de capitais, tampouco subtraí-los da fiscalização do Banco Central. Não esqueçamos que o rápido crescimento dos países europeus e do Japão após a Segunda Guerra Mundial ocorreu principalmente antes do desmantelamento completo dos controles de câmbio e dos movimentos de capitais. Mesmo os pequenos países têm todo o interesse em preservar um certo grau de autonomia da sua política monetária a fim de que as taxas de juros locais não sejam inteiramente determinadas pelos mercados estrangeiros.
>
> TOBIN, 1991: 47

Desde logo, salientamos que as dificuldades encontradas pela estratégia reformista neoliberal nos países do Cone Sul transcendem o plano puramente técnico da política econômica e apontam para as suas relações com as condições ou correlações de poder existentes.[1] Entretanto, por razões metodológicas e de escopo, ater-nos-emos à validade dos pressupostos teóricos, à lógica interna dos diagnósticos e proposições e à confrontação com os resultados apenas no que se refere à dimensão financeira. Mais precisamente, procuraremos desenvolver um enfoque crítico em dois âmbitos, teórico e histórico.

No teórico, contraporemos à teoria da repressão financeira uma visão alternativa do financiamento do desenvolvimento econômico baseada no pensamento keynesiano. Centralizaremos a análise nas relações entre crédito, poupança e investimento, bem como no papel do sistema financeiro, de sua institucionalidade e das políticas monetárias.[2] Interessa-nos, em particular, averiguar os limites da teoria da repressão financeira na gestão de políticas de desenvolvimentos nacionais e apreender as condições estruturais dos mercados financeiros latino-americanos diante do novo contexto internacional dos mercados de crédito.

No histórico não realizaremos uma análise exaustiva de casos nacionais, apenas pretendemos, a partir da perspectiva analítica keynesiana, ilustrar algumas questões relevantes e avaliar o impacto das reformas liberalizantes sobre o mercado financeiro e o investimento nas economias em desenvolvimento.

De um modo geral, as avaliações do *mainstream* internacional, como afirmamos, se limitam a atribuir os dramáticos resultados a erros e incoerências na administração das políticas econômicas, deixando intacto o substrato teórico (Molho, 1986, e Corbo, Melo & Tybout, 1986). Por um lado, argumentam que as distorções e os desequilíbrios, tais como a insuficiente redução do déficit fiscal, o excessivo crescimento do crédito doméstico, a permanência de restrições aos mecanismos de preços nos mercados de bens (barreiras alfandegárias ou controles de preços) e do trabalho (salário mínimo e/ou outros impedimentos institucionais à livre contratação e dispensa de mão-de-obra) são os determinantes dos perversos resultados. Ou seja, as falhas, os *accidents de parcours*, se devem ao fato de que as prescrições não foram seguidas na sua totalidade.

Por outro lado, diante da impossibilidade de corrigir todos os desequilíbrios e remover todas as distorções para desencadear a liberalização da economia, postulam que esta precisa ocorrer numa seqüência correta. A "literatura seqüencial" sobre a macroeconomia da liberalização financeira e comercial nos países em desenvolvimento busca, então, a determinação ótima da ordem de execução das políticas. Os mercados financeiros domésticos e a conta corrente devem ser liberalizados antes da conta capital do balanço de pagamento, a fim de evitar os efeitos adversos dos fluxos de capitais sobre a estabilidade macroeconômica e comercial. Além disso, o equilíbrio fiscal e a estabilidade monetária devem ser alcançados antes da liberalização. Nas palavras de McKinnon (1991: 102),

> uma lição parece ser a de que a completa remoção de controles cambiais sobre movimentos de capital estrangeiro deve vir por último no processo de liberalização, enquanto a liberalização financeira interna deve acompanhar qualquer movimento em direção ao livre comércio. A esse respeito, foi o Chile que conseguiu chegar mais perto da ordem certa.

1. *O financiamento do desenvolvimento econômico e a repressão financeira*

Importa-nos, neste momento, discutir as relações entre a acumulação financeira e a acumulação de capital produtivo, base da argumentação dos teóricos da "repressão financeira". Problematizaremos as funções e a natureza institucional do capital de empréstimo e da poupança na formação de capital produtivo, as dimensões financeira e real da poupança, bem como os processos causais de determinação da taxa de juros, da poupança e do investimento.

A formulação original da teoria da repressão financeira apóia-se em uma visão pré-keynesiana da relação entre poupança e investimento, acrescida de uma rigidez institucional do mercado financeiro, dada a intervenção estatal, que impede a obtenção do nível de equilíbrio. Para estes teóricos, como mostramos acima, a restrição à expansão do investimento reside na indisponibilidade de liquidez nos mercados de crédito, devido à repressão no setor bancário e nos mercados de capitais, enfatizando, assim, a complementaridade entre a acumulação de capital produtivo e a acumulação de moeda. A liberalização financeira expandiria o crédito bancário, deslocando o autofinanciamento e produzindo um aumento da taxa de poupança da economia.[3] O cerne desta argumentação encontra-se no pressuposto de que todo investimento não financiado diretamente por poupança prévia do próprio investidor deveria ser financiado através das poupanças depositadas nos bancos. O papel destes se restringe a centralizar e repassar as poupanças aos investidores, de acordo com a taxa de juros que iguala a oferta e demanda de fundos de empréstimos (poupança e investimento em equilíbrio). Vale dizer, as instituições financeiras são apenas intermediadoras de poupança dado que o volume de fundos emprestáveis é determinado externamente ao sistema.

É neste sentido que o aumento da taxa de juros constitui a peça fundamental da política de liberalização financeira: dever-se-ia deixá-la flutuar até os níveis adequados à eliminação do déficit de poupança interna, provocado por taxas de juros artificialmente baixas. Com o aumento da taxa de juros, tanto os depósitos bancários se expandiriam, permitindo o aumento do crédito e dos fundos para investimento, quanto a poupança seria liberada de usos inferiores, viabilizando um aumento na eficiência alocativa. Além disso, taxas de juros mais elevadas desestimulariam o sobreinvestimento em atividades existentes, bem como a especulação com ativos ou estoques reais e/ou de riscos.

1.1. O papel residual da poupança no crescimento econômico

A visão de Keynes quanto ao papel do crédito no financiamento do investimento exclui o pressuposto de que o investimento exige um ato de poupança prévia, equalizado pela taxa de juros.[4] A determinação da taxa de juros não se dá, para Keynes, através da igualdade *ex ante* entre poupança e investimento. Existiria sempre, *ex post*, poupança suficiente para cobrir os investimentos realizados. A determinação dos juros ocorre, institucionalmente, no mercado monetário pela política dos Bancos Centrais e pela demanda por moeda, principalmente dos empresários, e expressa o estágio da preferência por liquidez de uma comunidade.[5] Portanto as duas variáveis relevantes para a determinação da taxa de juros são: a quantidade de moeda em circulação – a oferta de moeda – e a forma como os agentes decidem manter as suas reservas monetárias, seja sob a forma de dinheiro, seja sob a forma de títulos, o que Keynes denominou de "teoria da preferência pela liquidez da taxa de juros". Assim, para Keynes (1937b: 167, grifos no original), "a taxa de juros relevante para o investimento *ex ante* é aquela determinada pelo estoque *corrente* de dinheiro e pelo estado *corrente* da preferência pela liquidez, na data em que o financiamento requerido pelas decisões foi estipulada".

Através do princípio da demanda efetiva, que impõe uma relação causal unilateral entre os gastos e a renda, Keynes demonstra que o investimento é a variável dinâmica da economia, cuja efetivação depende das expectativas dos capitalistas quanto a seus rendimentos futuros e não de um fundo prévio de poupança.[6] "A poupança, de fato, não passa de um simples resíduo" (Keynes, 1936: 53),[7] pois os empresários somente podem decidir o que vão gastar e não o que vão poupar. Assim, estabelece-se o crédito e não a poupança como o motor financeiro do processo de acumulação de riqueza capitalista. Desta forma, o papel crucial desempenhado pelo sistema financeiro no provimento de recursos à realização dos gastos de investimentos é completamente distinto, uma vez que não decorre propriamente da acumulação de poupança, mas de sua capacidade de expandir ou contrair, de forma autônoma, a liquidez e o crédito.

Em suma, se é verdade que sistemas financeiros plenamente desenvolvidos cumprem um papel fundamental no processo de expansão de uma economia capitalista, como acentuado pelas duas correntes de pensamento, o modo como são concebidas teoricamente essas inter-relações tem, entretanto, implicações muito diversas. Do ponto de vista keynesiano, seria um equívoco identificar "poupança" com depósitos e com "ativos financeiros" e admitir que a taxa de juros regula a "oferta e demanda" de fundos de empréstimos,[8] porque esses saldos líquidos não apenas não se transformam automaticamente em investimento, como, ao contrário, sua valorização recorrente no circuito financeiro apresenta-se como alternativa de investimento às empresas. Sendo que, mantida uma taxa de juros positiva e crescente, a tendência seria uma drástica redução do investimento produtivo. Enfim, as determinações da poupança financeira são diferentes das que regem os investimentos, podendo inclusive ser contraditórias e retroalimentadoras, gerando cada vez mais massa financeira e menos investimento produtivo.

Noutras palavras, não existe uma relação *a priori*, como estabelecem os teóricos da repressão financeira, entre a poupança financeira, correspondente aos ativos financeiros totais, que valorizam os saldos monetários líquidos dos agentes superavitários, às vezes até como proteção da corrosão inflacionária, e a "poupança real", correspondente a um fluxo de renda associado a um ato de investimento. Segundo Keynes (1936: 125),

> introduzimos, assim, a moeda em nosso nexo causal e podemos ter uma primeira idéia do modo como as variações na quantidade de moeda intervêm no sistema econômico. Contudo, se nos vemos tentados a considerar a moeda como a bebida que estimula a atividade do sistema, não nos esqueçamos de que podem surgir muitos percalços entre a taça e os lábios.

As decisões de acumulação de bens de capital dependem das expectativas de rentabilidade futura e são prerrogativas exclusivas dos capitalistas e do Estado. Este último o faz por ação direta, através da execução do orçamento público ou das empresas estatais, e indireta, através do efeito multiplicador do gasto público e da manipulação das condições gerais de preços, juros, câmbio, salários, crédito etc., que condicionam as iniciativas do setor privado.

Todavia, na dinâmica capitalista, não basta que os empresários estejam antecipando rentabilidade para que decidam investir. Precisam ter sob seu comando uma quantidade apropriada de recursos de capital-moeda, a custos compatíveis.[9] Assim, dada uma curva de eficiência marginal do capital (a medida da rentabilidade esperada de um ativo de capital) e mantida uma política acomodatícia por parte dos bancos, o financiamento será igual às necessidades de liquidez dos investidores. O investimento, suscitando um fluxo de poupança estritamente equivalente a seu montante *a posteriori*, não necessita de nenhum fundo prévio de poupança para ser realizado. Precisa, sim, de crédito. A expansão do crédito precede e é indispensável ao surgimento da própria poupança.

Resumindo, na perspectiva keynesiana, a expansão dos investimentos e, portanto, da renda numa economia capitalista depende:

i) das expectativas dos agentes quanto a mercados, tecnologias, realização de lucros, capacidade ociosa planejada etc.;
ii) da existência de mecanismos adequados de financiamento interno; e
iii) da disponibilidade de divisas cambiais necessárias à importação de matérias-primas e equipamentos, bem como para fazer frente aos serviços financeiros do capital externo. Interessa-nos, por ora, aprofundar as questões relativas ao financiamento interno e externo.

1.2. A função ativa do crédito no financiamento do investimento

Principiemos com a importância dos bancos na materialização do crescimento e do investimento. Além de sua função de intermediação financeira, os bancos criam moeda para suprir o avanço do crédito.[10] A moeda ou crédito é criado quando um banco adquire ativos, emitindo, em contrapartida, passivos em moeda de crédito. É no momento seguinte que os bancos se preocupam com as suas posições de liquidez (a constituição das reservas passivas). Estas podem ser adquiridas com os bancos centrais (que descontam títulos privados em posse dos bancos),[11] no interbancário (aproveitando saldos inativos de outros bancos), ou através dos próprios depósitos bancários, dependendo da taxa de captação. O valor da taxa de captação depende, em grande parte, do valor futuro da moeda antecipado pelos agentes, sendo, portanto, submetido à convenção do mercado financeiro, ou seja, representa o prêmio de liquidez predominante.[12] E depende, também, da concorrência existente neste mercado por recursos adicionais a fim de cobrir posições ativas já efetivadas pelos bancos.

A moeda de crédito é, então, endógena, pois é criação do sistema bancário em resposta ao estado dos negócios e em virtude de suas previsões e expectativas com relação ao desempenho da economia.[13] Entretanto a política monetária não é necessariamente passiva. Os Bancos Centrais, desde que tenham controle sobre as reservas monetárias, através do encaixe compulsório sobre as reservas bancárias, da taxa de redesconto e da política de mercado aberto, têm poder regulatório sobre a expansão da liquidez primária. Vale dizer, podem determinar a base monetária.

A política monetária consiste na manipulação das taxas de juros e do nível de reservas bancárias, influindo através desses instrumentos sobre o volume e o preço do crédito bancário no curto prazo. A longo prazo, o estoque de moeda é reproduzido através das relações de débito e crédito entre os agentes financeiros e não financeiros. A variação do estoque de moeda é, portanto, função de decisões de demanda por crédito atendidas pelos bancos que, *a posteriori*, procuram os fundos para respaldá-las. Em termos agregados e a longo prazo, o financiamento bancário é autofinanciado. Os bancos fazem empréstimos que retornam ao sistema sob a forma de depósitos, sendo o financiamento das reservas para suportar os novos empréstimos a única necessidade corrente dos bancos.

Em síntese, não obstante o grau de manobra da política monetária, a causa fundamental da variação do estoque monetário não está na manipulação de curto prazo que as autoridades monetárias podem realizar nestes fundos e nos seus preços, mas no financiamento bancário das decisões de gasto dos capitalistas.[14] Nessa perspectiva, é basicamente a dinâmica do lucro, a partir da persistência da expansão do gasto agregado, que garante a solvabilidade dos agentes econômicos, ou seja, gerase poder de compra para amortizar as dívidas passadas. Nas palavras de Belluzzo & Almeida (1989: 121-122),

> é deste lucro que elas [as empresas] servem as dívidas, pagam os impostos e acumulam fundos financeiros, permitindo aos bancos renovar o estoque de *finance*. Portanto, é o prosseguimento do processo de investimento e endividamento que permite servir a dívida passada. [...] a economia está gerando dívida agora para que a dívida passada possa ser servida. [Conseqüentemente,] do ponto de vista macroeconômico a queda do investimento implica necessariamente o aumento do endividamento porque retira das empresas a capacidade de servir a dívida passada. Além disso, a contração do investimento ao deprimir a acumulação interna das empresas reduz o capital próprio e frustra a tentativa de reduzir o grau de endividamento. Isto significa que, se cada unidade quer reduzir seu déficit corrente, o resultado para o conjunto será um agravamento da situação patrimonial, bem como dos compromissos correntes, pela rigidez dos custos financeiros da dívida contratada no passado.

Considerando o sistema dinamicamente, com o investimento e a poupança em contínua realimentação, a contribuição do crédito ao processo de formação de capital fica determinada pela geração de valor excedente, ou seja, pelos lucros.[15] Se a massa de lucros não se mantém, devido à interrupção do investimento produtivo, que alimentaria a parte ativa do capital, a dinâmica do lucro se arrefece e o peso da parte passiva se evidencia. Portanto, diante de uma redução inesperada na taxa de crescimento, as firmas terão dificuldades em saldar seus compromissos com o sistema bancário. A alternativa seria repactuar as dívidas, endividando-se mais, isto é, aceitando uma redução na proporção do capital próprio sobre o capital total e, às vezes, em piores condições de taxas, prazos e *spreads*, deteriorando o grau de fragilidade financeira da empresa; ou promover uma recomposição patrimonial, através da subscrição de novas ações, da entrada de novos sócios etc.

Identifica-se, então, um problema de intermediação financeira, de compatibilizar prazos em virtude das aversões ao risco de cada um dos agentes econômicos, a fim de canalizar recursos para consolidar as dívidas dos investidores.

No entanto não precisamos supor uma conjuntura de queda do investimento para mostrar que uma intermediação financeira com uma base de captação das aplicações a prazos médios e longos capaz de garantir estabilidade e solidez operacional às instituições é de importância crucial. Já afirmamos que os bancos antecipam temporariamente o poder de compra destinado a cobrir o hiato temporal entre a decisão de investimento e sua efetivação. No nível microeconômico, os empréstimos tomados para fins de investimento em geral têm como base a distribuição temporal das receitas associadas ao projeto, e estas somente acontecem depois de a nova capacidade produtiva se encontrar instalada e em operação. Porém, se se impõe, por diversas razões, a necessidade de saldar os créditos devidos antes de o projeto de investimento gerar as rendas esperadas, ou se a taxa de retorno do investimento se revelar inferior ao esperado, o investidor terá que, de uma forma ou de outra, ir ao mercado financeiro em busca de refinanciamento.[16]

O importante a reter dessa discussão é a necessidade de mecanismos financeiros capazes de alongar o perfil das dívidas. Se a intermediação financeira não funciona, pode seguir a inadimplência do devedor-investidor, um aumento da fragilidade financeira do sistema ou transferências de propriedade. Por um lado, a possibilidade desta "insuficiência", percebida *ex ante* pelos investidores, pode atuar como um constrangimento às atividades de investimento. Por outro lado, a garantia de que o sistema bancário seguirá uma postura acomodatícia ou que o banco central o influenciará nessa direção exercerá uma poderosa indução ao investimento. Assim, os mecanismos que possibilitam a conversão de dívida de curto em longo prazo dão maior estabilidade ao processo de investimento, pois reduzem os riscos de alteração de propriedade dos ativos quando termina um processo de geração de lucros, ou enquanto a nova capacidade produtiva ainda não gerou receitas suficientes para amortizar os débitos contraídos.[17] Noutras palavras, a ausência de uma articulação entre o curto e o longo prazo no mercado de capitais torna o sistema mais instável e sua regulação mais complexa. Conforme Studart (1993: 110),

> em um mundo incerto e na ausência de consolidação financeira, ou os bancos seriam obrigados a reduzir sua margem de segurança (ativos líquidos/ativos ilíquidos), ou os investidores seriam obrigados a rolar seu passivo de longo prazo até a maturação e o retorno dos investimentos. Em ambos os casos – e dadas as características do passivo dos bancos –, a possibilidade de mudanças futuras das taxas de juros e/ou condições de crédito traria um risco excessivo para ambos os agentes.

Neste contexto é que se insere o debate entre os póskeynesianos, iniciado por Asimakopulos (1983) e Davidson (1986), sobre as funções e a institucionalidade do crédito bem como da poupança no processo de formação de capital, que está longe de ter esgotado.[18] Para esses teóricos, a partir das discussões de Keynes com Hicks, Robertson e Ohlin, pode-se derivar que o financiamento do investimento possui duas dimensões: em primeiro lugar, temos o financiamento do investimento realizado através do crédito de curto prazo concedido pelo setor monetário do sistema financeiro; em segundo lugar, temos a consolidação das dívidas de curto prazo através da mobilização de poupança financeira no segmento de longo prazo do sistema financeiro e mercado de capitais (Minsky, 1985: 318). Neste caso, à (*uma certa*) poupança – no sentido de uma renda acumulada cujo poder de gasto foi diferido no tempo e não de uma restrição ao consumo – cabe o papel de recompor as estruturas passivas e ativas das empresas investidoras. Nas palavras do próprio Keynes (1937b: 166),

> quando o empresário decide investir, precisa estar seguro de dois pontos: primeiro, que pode obter recursos suficientes a curto prazo, durante o período da produção do investimento; e, segundo, que acabará financiando suas obrigações de curto prazo mediante uma emissão de longo prazo, em condições satisfatórias. Vez por outra ele pode estar em posição de usar seus próprios recursos, ou de fazer imediatamente sua emissão de longo prazo. Mas isto não faz diferença quanto ao montante de "financiamento" que precisa ser encontrado pelo mercado como um todo, mas apenas quanto ao canal através do qual o financiamento chega ao empresário e quanto à probabilidade de que alguma parte do mesmo possa resultar da liberação de dinheiro por parte do próprio interessado ou do resto do público. Assim, é conveniente encarar o duplo processo (*finance* e *funding*) como o mais característico.[19]

Vejamos, resumidamente, cada uma dessas dimensões do processo de financiamento do investimento, o *finance* e o *funding*.

1.3. O circuito *finance*–investimento–*funding*

A existência de um sistema de bancos comerciais emissores de moeda escritural, intermediando os fluxos de financiamento, libera os investidores de qualquer necessidade prévia de poupança, como já afirmamos. Os bancos financiam o investimento através de um fundo rotativo – o fundo *finance* – e, se isto for insuficiente, pela multiplicação de seus depósitos à vista. O investimento é, então, financiado no mercado monetário. O sistema bancário expande o crédito independentemente da captação antecipada de capital-moeda, como quer a teoria da repressão financeira, e sem comprometer a auto-sustentação do processo de acumulação.

> O *finance* constitui, essencialmente, um fundo rotativo. Não emprega poupança. É, para a comunidade como um todo, apenas uma transação contábil. Logo que é "usado", no sentido de ser gasto, a falta de liquidez é automaticamente compensada e a disposição de iliquidez temporária está de novo pronta a ser usada mais uma vez. [...] Em sua maior parte, o fluxo de novos recursos requeridos pelo investimento *ex ante* corrente é suprido pelo financiamento liberado pelo investimento *ex post* corrente (Keynes, 1937b: 168).

Desse modo, o *finance* constitui-se de linhas de crédito ou avanços bancários que permitem antecipar recursos futuros (receita futura) com o propósito de financiar o investimento. Portanto antecede o investimento e não tem nenhuma relação com a poupança. Os bancos criam moeda e não poupança, não podendo, assim, ajustar a oferta à demanda por fundos, vale dizer, a poupança ao investimento.

A demanda de moeda sobre o sistema bancário é, assim, descrita por Belluzzo & Almeida (1989: 121, grifo no original):

> O aumento do investimento só pode ser realizado macroeconomicamente pelo endividamento das unidades de gasto. Este investimento, ao gerar lucros, recompõe as condições de liquidez dos empréstimos, ou seja, a geração de lucros mantém as condições de renovação do fundo financeiro administrado pelos bancos e originariamente gerado pela emissão do *crédito* dos bancos contra si mesmos e sob a demanda

daqueles que vão realizar o gasto. O princípio da demanda efetiva (o nível de renda e emprego da comunidade é determinado pelas decisões de gasto dos capitalistas) exige tão-somente que uma determinada decisão de gasto seja validada pelo sistema bancário enquanto administrador da moeda e dos fundos financeiros da sociedade. Os bancos sancionam a aposta capitalista na aquisição de novos ativos de capital e os lucros derivados deste investimento sancionam a aposta dos bancos.

Nada garante, no entanto, que o empresário conseguirá automaticamente converter suas obrigações de curto prazo em dívidas de longo prazo. Há um risco neste processo e o empresário toma suas decisões a partir de suas expectativas de rentabilidade, ou seja, o *finance* possui um componente especulativo. Noutras palavras, na questão da compatibilidade entre prazos e taxas, há sempre um risco que faz parte do cálculo especulativo intrínseco a qualquer decisão de investimento capitalista.[20]

Não obstante, visando reduzir o grau desse risco, simultaneamente à materialização das fontes de crédito de curto prazo, as empresas iniciam negociações com os bancos de investimento e outras instituições do mercado de capitais, para mobilizar fundos de longo prazo necessários à consolidação financeira do investimento – processo de *funding*.

A consolidação do investimento constitui-se, então, de lançamentos de dívida de longo prazo e/ou de direitos de propriedade no mercado financeiro e de capitais. As dívidas podem ser mantidas pelas próprias unidades de dispêndio, através da acumulação interna de lucros ou pelas carteiras dos intermediários financeiros. Neste caso, uma parcela dos ativos financeiros de longo prazo mantida pelas unidades "poupadoras" adota a forma indireta de depósitos a prazo, cotas de fundos privados de pensão e aposentadoria, apólices de seguro, fundos de ações nos bancos, fundos mútuos de investimento, debêntures e/ou ações em posse dos bancos etc.

Desta forma, frações do capital utilizado no processo de consolidação do investimento provêm da canalização de poupança real, isto é, renda acumulada, cujo poder de compra foi retardado no tempo. Porém não basta a existência de um determinado volume de poupança. É preciso que essa poupança financeira seja efetivamente canalizada para atender às necessidades do *funding*.[21] A despeito do papel desempenhado pelo sistema financeiro no funcionamento contínuo dos mercados de títulos de longo prazo, Baer (1993: 37) salienta que "a atuação dos agentes financeiros [...] é de natureza residual, sendo que o grosso do carregamento dos ativos financeiros deve ser de poupadores. Ou seja, a capacidade de *funding* precisa estar presente e o papel dos bancos é estar disposto a cobrir possíveis necessidades da circulação financeira nos mercados de títulos".

Nas economias de industrialização tardia, a intervenção dos governos, no sentido de viabilizar a consolidação dos investimentos, ocorre, predominantemente, através dos bancos estatais de fomento, da instituição de fundos compulsórios de poupança financeira e de mecanismos discricionários de alocação de crédito.[22]

Em suma, para os nossos propósitos, importa reter dessa discussão que a manutenção da estabilidade do crescimento econômico capitalista possui como condição necessária, mas não suficiente, o desenvolvimento de instrumentos financeiros que possibilitem a transformação da riqueza herdada do passado em diversas formas de ativos, inclusive em títulos de longo prazo.

Evidentemente, a distinção entre os mecanismos de financiamento de curto prazo e de consolidação do investimento é desconsiderada pela teoria da repressão financeira.[23] Assim, tanto os ativos de longo prazo e os direitos de propriedade como a própria existência do mercado de capitais e da poupança financeira desaparecem. O mercado financeiro, na verdade, constitui o *locus* da panacéia universal do mercado que equaliza as taxas de rentabilidade da economia.

1.4. A capacidade de autofinanciamento do setor produtivo

A ênfase depositada pela teoria da repressão financeira na questão do autofinanciamento do setor real merece alguns comentários adicionais. Se é verdade que não se potencializa o investimento produtivo (nem consumo de bens duráveis) numa economia capitalista, em que o sistema de crédito é incapaz de promover a antecipação do gasto em relação à capacidade de dispêndio derivado da renda corrente, a principal fonte de financiamento da formação de capital das empresas (públicas e privadas) continua, entretanto, advindo da acumulação interna de lucros.[24] Senão, vejamos.

O acesso ao capital de terceiros é normalmente regulado pelo "princípio do risco crescente"[25] e pela flexibilidade do mercado de capitais. Segundo aquele, há limites de ordem financeira ao endividamento das empresas, dado o risco inerente a uma ampliação excessiva do grau de endividamento caso as expectativas relacionadas ao investimento programado não se concretizem, constituindo uma possibilidade de descapitalização. Além disso, cabe considerar o efeito depressivo da acumulação financeira sobre a produtiva, destacado por Minsky (1982). Diante da redução progressiva da capacidade das unidades endividadas em atender o serviço crescente de suas dívidas, a acumulação financeira, a partir de certo momento, retroage sobre a acumulação produtiva, pois torna a estrutura financeira progressivamente mais frágil.

Agora, do ponto de vista das instituições financeiras, dado o "risco de crédito", o acesso aos recursos está associado a critérios de rentabilidades privadas e de garantias oferecidas pelo solicitante. O que significa que tendem a ser favorecidas as empresas já instaladas nos setores de maior produtividade e que oferecem aplicações "seguras". Enfim, as instituições financeiras possuem uma carteira de clientes preferenciais.

Malgrado o fato de os bancos obterem informações sobre os clientes (situação patrimonial, grau de endividamento, posição de mercado e/ou tecnológica, comportamento em relação aos contratos anteriores etc.), tanto o risco do credor como o do devedor se baseiam em expectativas sobre os rendimentos esperados. Portanto incorporam avaliações subjetivas e convencionais com precária sustentabilidade, o que os deixam sujeitos a fortes flutuações, mesmo no curto prazo. Caso se cumpram as previsões sobre os rendimentos esperados, tanto empresários como banqueiros tenderão a um estado de maior confiança, e, paralelamente à redução da incerteza, diminuirão os riscos (do devedor e do credor). Assim, as expectativas melhoram endogenamente ao longo do ciclo econômico e se eleva o grau de endividamento dos agentes, aumentando em contrapartida a fragilidade financeira do sistema. Se, ao contrário, as expectativas se inverterem, a estrutura herdada de ativos e passivos resulta incompatível com as novas pautas e critérios que passam a vigorar na comunidade de banqueiros e empresários, sobretudo no que concerne às margens de segurança aceitáveis nas operações de contratação de créditos. A deterioração das expectativas paralisa tanto o financiamento de novos investimentos quanto as possibilidades de refinanciamento das dívidas de curto prazo, que deixam de ser validadas pelas novas expectativas sobre a geração de fundos próprios do devedor, podendo conduzir a um processo generalizado de liquidação de ativos, degenerando ainda mais as condições de investimento.

    Apreende-se que uma regra típica do funcionamento bancário é a de acompanhar o comportamento da maioria (o comportamento da "manada", como classificou Keynes).[26] Quando as expectativas são otimistas, os bancos apressam-se em gerar endogenamente novas fontes de liquidez para não perderem a oportunidade de efetuarem negócios rentáveis. Revertidas as expectativas, ante a elevação do grau de incerteza, mostram a mesma capacidade para retrair a oferta de crédito.

    Todos os argumentos arrolados acima corroboram a assertiva de que a expansão das empresas tem como âncora primordial o capital próprio, acumulado a partir dos lucros, o qual ainda regula os referidos limites de acesso e de risco nos mercados de empréstimos e de capitais. Dentro destas condições, a intervenção nos mercados financeiros pelas autoridades monetárias apenas pode deslocar, mas nunca suprimir, o grau de aversão ao risco dos empresários e dos bancos, permitindo que o sistema bancário amplie sua participação nos fluxos de capital da economia. Dessa forma, não há nenhuma razão lógica ou histórica para se imputar ao autofinanciamento das empresas o fato gerador do subdesenvolvimento como o fazem os teóricos da repressão financeira.

1.5. O papel do financiamento externo

Finalmente, devemos acrescentar que nos países periféricos o investimento (o gasto autônomo) também tem de ser compatível com a disponibilidade de divisas, uma vez que as moedas nacionais não são de circulação internacional (nem moeda-reserva nem moeda-conversível), ao contrário do que pressupõe McKinnon. Daí a necessidade de se contar com a entrada de recursos externos para financiar o desenvolvimento seja na forma de créditos bancários de curto prazo, seja em financiamentos de longo prazo oficiais e privados, seja ainda em capital de risco. A entrada de investimentos diretos é particularmente relevante quando se considera o fato de que a geração e posse das novas tecnologias está concentrada nas grandes empresas transnacionais.[27]

A crescente mobilidade dos fluxos internacionais de capitais bem como a maior integração dos mercados financeiros, em tese, ampliam as facilidades de acesso a recursos externos, dependendo do potencial de cada economia em atrair os capitais internacionais. Entretanto essa articulação com os fluxos internacionais de financiamento tem sérias implicações. Do mesmo modo que se internalizam mais facilmente recursos do exterior, abrem-se, em contrapartida, mecanismos para investimentos de portfólio externos e, portanto, possibilita-se a canalização de recursos para fora do país. Noutras palavras, o processo de arbitragem, ainda que condicionado pelo risco cambial, pode globalizar-se, limitando a capacidade de intervenção das autoridades monetárias de um país que não tem poder (reservas) para intervir no mercado internacional. Ademais, a mobilidade dos capitais e a generalização das taxas de juros flutuantes tornam vulnerável a conta de capitais dos países com elevado grau de abertura financeira, pois passam a sofrer passivamente os impactos das políticas monetárias praticadas nos países centrais (Baer, 1993: 31-32).

1.6. O manejo do *finance* e do *funding* nos mercados financeiros contemporâneos dos países centrais

Este paradigma keynesiano da relação entre o investimento produtivo e a poupança, bem como da taxa monetária de juros, não deveria ser mediado por considerações relativas às mudanças institucionais que, de alguma forma, alterariam a validade de alguns preceitos econômicos prevalecentes entre as décadas de 20 e 40? O comportamento do sistema de crédito contemporâneo não estaria condicionado pelo quadro institucional vigente?[28]

A grosso modo, o arcabouço das instituições monetárias – principalmente da Grã-Bretanha e dos Estados Unidos da América –, na primeira metade deste século, se caracterizava por:

a) controle dos Bancos Centrais sobre a expansão primária da liquidez, mediante a fixação da taxa de redesconto bancário;
b) hegemonia do sistema bancário comercial no circuito creditício;
c) inexistência de mercados financeiros internacionais com capacidade de emitir moedas privadas, o que possibilitava um elevado poder regulatório sobre as reservas internacionais;
d) vigência de um espectro limitado de ativos financeiros ofertados pelos sistemas, sob controle das autoridades monetárias nacionais;

e) e, finalmente, pela existência de mercados organizados de ações, consolidando uma disponibilidade de financiamento para a formação de capital fixo por meio de títulos de longo prazo.

Os argumentos keynesianos sobre a irrelevância da poupança e a imprescindibilidade do crédito na determinação do investimento estavam consubstanciados nesta institucionalidade bancária e financeira, em que a participação de M-1 no total dos agregados monetários era extremamente elevada, o que permitia o pleno desempenho do *finance*, e a estabilidade em termos de prazos e custos da taxa de juros juntamente com o mercado de ações tornavam possível a existência do *funding*.

Tais condições, porém, modificaram-se substancialmente, a partir de meados dos anos 60, com a internacionalização dos circuitos financeiros e o surgimento de inúmeras inovações (novos instrumentos e novas instituições). Nas palavras de Tavares e Belluzzo (1986: 56-57, grifos nossos),

> o mercado de dinheiro já não funciona de acordo com os supostos formulados por Keynes. Em primeiro lugar, a oferta monetária não pode mais ser considerada rígida e controlável exogenamente pelo Banco Central. O movimento de reservas provocado pela especulação no mercado internacional de divisas leva a flutuações endógenas na dívida pública e no dinheiro, que retiram o caráter regulador autônomo da política monetária. Em segundo lugar, *a idéia de preferência pela liquidez de Keynes perde sua simplicidade originária*. [...] A ruptura do padrão monetário internacional torna o dinheiro internacional uma categoria fugidia, na medida em que a paridade de poder de compra de qualquer moeda nacional em relação às demais ou a uma hipotética cesta de bens básicos não pode ser fixada. Deste modo deixa de ter sentido a idéia de que existe um ativo que, por suas características de baixa elasticidade de produção e substituição, proporciona

um prêmio de liquidez (capacidade de adquirir bens ou de liberar contratos, sem custo de transação e de manutenção). [...] As desvalorizações sucessivas das várias moedas nacionais e a inexistência de um padrão monetário estável provocam *a desaparição do dinheiro como reserva de valor* [...]

E mais: "a elevação das taxas de juros não corresponde mais a uma *elevação do prêmio à renúncia da liquidez, mas a um prêmio de risco sobre a desvalorização provável da riqueza passada.*" Em suma, observa-se um movimento em direção a investimentos em ativos financeiros geradores de juros, substituindo a posse da moeda propriamente dita, de modo a diminuir os riscos de desvalorização.

Como "a moeda somente pode ser estudada no seu contexto histórico e institucional" (Davidson, 1982: 241), destacaremos algumas características relevantes apresentadas pela nova institucionalidade dos mercados monetários e financeiros.

Em primeiro lugar, as instituições monetárias e não monetárias tendem a uma generalização e homogeneização nas formas de operação. Minsky (1986: 223), a partir do formato institucional do sistema financeiro americano, afirma:

> A linha divisória entre bancos comerciais, cujos passivos incluem depósitos à vista, e outras instituições financeiras — tais como as administradoras de patrimônio (companhias de seguro, fundos de pensão e diversos *trusts* de investimento) e os bancos de investimento — refletem muito mais o ambiente legal e a história institucional do país do que as funções econômicas destas instituições.

E, desde os anos 60, a diferença entre as instituições financeiras tem sido crescentemente eliminada (desregulamentação), consolidando a tendência para o chamado banco universal ou múltiplo, que atua em todos os segmentos dos mercados, inclusive nos mercados internacionais. O predomínio da forma de organização multibancária, no entanto, não significa a impossibilidade da especialização, a partir de estratégias de concorrência entre as instituições, independente das restrições legais. Em segundo lugar, os bancos comerciais foram suplantados no papel de canalizador dos fluxos de capitais, isto é, outros intermediários financeiros passaram a avançar poder de compra:

> além dos bancos comerciais, os intermediários financeiros tais como associações de poupança e empréstimos (*Saving & Loan*), instituições mutuais, companhias financeiras, seguradoras, *trusts* de investimentos imobiliários (*Real Estate Investment Trusts*) e os fundos *money-market* (fundos de curto prazo) são fontes de crédito. [...] Tais intermediários financeiros não bancários, juntamente com os bancos comerciais, garantem que a oferta de financiamento responderá à demanda nos mercados creditícios (Minsky, 1986: 246-247).[29]

Paralelamente, as próprias empresas passaram a emitir títulos de dívida, principalmente bônus e *commercial papers*, captando recursos diretamente com os investidores institucionais (tais como fundos de pensão, fundos mútuos, companhias de seguro etc.).[30]

Em terceiro lugar, os depósitos à vista reduzem-se nos passivos dos sistemas bancários.[31] Concomitantemente, as diferentes instituições financeiras (monetárias e não monetárias) desenvolveram diversas formas de captação, similares a depósitos à vista que, não obstante serem depósitos remunerados, apresentam elevado grau de liquidez.[32] Em outras palavras, os sistemas bancário e não bancário dos países centrais,[33] a partir de meados dos anos 60, ampliaram o espectro de ativos financeiros líquidos e remunerados, as quase-moedas, caracterizadas por alta elasticidade de substituição e baixo custo de conversão. Isto é, podem rapidamente mudar de uma aplicação para outra e/ou ser convertíveis de ativos "recebedores de juros" em "depósitos transferíveis por cheque". Geralmente, estes instrumentos financeiros absorvem tanto disponibilidades de caixa, relacionadas às despesas de curto prazo das empresas e das famílias, quanto recursos da acumulação interna do setor empresarial (fundo de depreciações e outros recursos destinados a investimentos ou ainda saldos inativos, poupança financeira sem destinação específica). Vale dizer, as quase-moedas possuem um componente monetário (M-1) e um componente não monetário (M-2 ou M-3). As economias capitalistas modernas trabalham, então, com um estoque menor de moeda corrente por unidade de produto gerado. As relações entre M-1 e as quase-moedas com o produto interno bruto nos principais países desenvolvidos podem ser observadas nas tabelas 1 e 2. Merece destaque a transformação ocorrida nos EUA, entre 1950 e 1990, a relação entre M-1 e o PIB reduziu de 40,9% para 15,5%; e inversamente, as quase-moedas aumentaram de 11,1% para 42,5%.

A conseqüência imediata desta proliferação de passivos remunerados foi uma intensa flexibilização dos ativos das instituições financeiras, isto é, sua transformação em instrumentos negociáveis (*securitization*). Se as instituições oferecem uma alternativa de aplicação remunerada com liquidez plena ou próxima, ficam obrigadas a garantir a liquidez e remuneração deste passivo. Por conseguinte, devem contar com ativos que possuem liquidez instantânea, ou seja, possíveis de serem rapidamente negociados nos mercados secundários em troca de reservas, em prazo compatível com a liquidez dos passivos. Caso parte do ativo que lastreia o depósito líquido remunerado seja ilíquido, a instituição pode necessitar de refinanciamento temporário, nos mercados interbancários ou nos Bancos Centrais. Assim, a possibilidade de ofertar um depósito líquido remunerado deriva da liquidez do ativo que lastreia a operação e, portanto, depende da profundidade dos mercados secundários existentes.[34]

Tabela 1 – M-1 em porcentagem do PIB

Ano	EUA	INGLATERRA	CANADÁ	FRANÇA	ALEMANHA	JAPÃO	CORÉIA	ARGENTINA	CHILE	URUGUAI
1950	40,91	–	–	30,72	17,18	–	–	–	–	–
1955	34,29	31,04	–	34,90	16,21	27,12	8,85	–	–	–
1960	28,44	25,75	15,83	32,04	15,69	26,74	10,29	16,83	9,18	16,90
1965	24,95	21,87	16,39	36,40	15,85	31,36	10,65	13,74	7,61	20,02
1970	22,05	18,72	17,47	29,24	15,36	29,12	11,31	18,59	10,82	14,60
1973	20,28	17,97	16,88	29,03	14,79	35,83	13,48	15,63	19,93	13,94
1975	18,86	16,45	15,14	28,95	16,73	33,67	11,56	20,82	8,45	10,21
1978	16,77	16,13	12,88	25,84	17,72	33,72	11,15	11,22	6,95	11,60
1980	15,80	13,35	11,21	23,89	17,53	28,97	10,01	9,69	7,93	9,85
1982	15,76	14,54	10,63	23,77	16,16	29,90	10,65	11,00	7,44	10,64
1985	16,20	15,92	14,42	22,81	17,26	27,77	9,35	7,65	5,76	8,71
1988	16,57	–	14,89	26,77	19,48	30,11	9,50	7,01	7,12	7,78
1990	15,48	–	14,33	26,23	22,95	28,10	9,21	–	6,11	–

Fonte: IMF, *International Financial Statistics*, Yearbook, 1987 e 1992.
Nota: Os dados do Canadá referentes a 1960 são de 1962, da Argentina, Chile e Uruguai, de 1961.

Tabela 2 – Quase-moeda em porcentagem do PIB

Ano	EUA	INGLATERRA	CANADÁ	FRANÇA	ALEMANHA	JAPÃO	CORÉIA	ARGENTINA	CHILE	URUGUAI
1950	11,13	–	–	0,99	–	–	–	–	–	–
1955	10,64	14,62	–	1,16	15,71	23,87	0,88	–	–	–
1960	33,37	14,72	17,86	3,71	22,13	39,85	1,23	6,25	5,65	11,66
1965	41,57	14,18	19,02	6,00	28,44	46,06	4,01	6,41	5,55	15,31
1970	40,49	16,14	20,74	14,11	33,87	44,83	21,66	8,35	6,43	6,96
1973	43,70	26,81	23,55	20,09	36,19	51,45	23,08	10,97	18,87	7,15
1975	45,68	21,29	26,13	22,62	37,71	50,82	19,25	5,95	12,74	9,83
1978	45,47	16,96	33,68	24,24	39,24	53,71	21,42	16,77	14,03	25,06
1980	42,71	18,81	35,55	24,11	40,37	57,21	22,94	19,34	17,83	29,66
1982	41,61	23,51	39,08	22,17	39,93	61,23	25,91	20,12	31,64	45,66
1985	46,43	24,96	28,68	23,08	41,70	67,98	25,98	13,64	35,41	44,67
1988	44,34	–	29,26	43,41	41,73	80,10	28,75	26,11	35,01	42,11
1990	42,54	–	34,29	38,65	43,57	88,17	30,57	–	37,49	54,48

Fonte e nota: Idem Tabela 1.

Malgrado a instabilidade crescente, as instituições financeiras têm conseguido compatibilizar a captação de um passivo de curto prazo com aplicações em prazos mais dilatados. Entretanto permanece como condição desta dinâmica extremamente instável (*Speculative* e *Ponzi*, na linguagem de Minsky)[35] um contínuo refinanciamento das estruturas passivas e ativas (operações de *roll-over*) e uma atuação dos Bancos Centrais como credores de última instância (*lender of last resort*). Neste contexto, cresce a importância dos investidores institucionais (fundos de aposentadorias e pensões, companhias de seguros etc.), que atuam nos mercados de capitais, na definição dos contornos da dinâmica financeira.[36]

Resumindo, "com a aceleração das inovações financeiras, nos anos 60 e 70, tornou-se claro que há uma diversidade de tipos de moeda, e que *a natureza da moeda relevante se transforma com o desenvolvimento das instituições*". E mais: "o que é moeda é determinado pelo movimento da economia e geralmente há uma hierarquia de moedas, com instrumentos monetários específicos para diferentes propósitos" (Minsky, 1986: 226-228, grifos nossos). Isto é, os mercados financeiros passaram a emitir diferentes tipos de moedas: "qualquer um pode criar moeda; o problema é fazer com que seja aceita" (Minsky, 1986: 228). Ademais, devemos ressaltar que a circulação destas moedas no interior dos sistemas terminaram por criar um dinheiro propriamente financeiro, que se valoriza a si mesmo e "não tem limite algum, salvo a credibilidade e o poder do sistema financeiro ante si mesmo e ante as autoridades monetárias" (Tavares, 1983: 131).

Como este desenvolvimento institucional se refletiu nas características fundamentais da moeda? Qual é o impacto no financiamento – nos fundos *finance* e *funding* – da crescente transferência das contas monetárias para as contas financeiras e da transformação das instituições bancárias e não bancárias em instituições financeiras universais?

O fato essencial é que a nova realidade institucional dos mercados financeiros contemporâneos criou a figura das quase-moedas ou das quase-poupanças, que se proliferam no interior dos sistemas. A preferência pela liquidez deve, então, ser ampliada para abarcar outros ativos líquidos que contêm algum seguro contra a corrosão inflacionária, a flutuação nas taxas de juros e de câmbio etc. Do ponto de vista dos bancos, a emergência de novos instrumentos financeiros significou passar a privilegiar a administração do seu passivo, ao contrário do comportamento dominante até meados dos anos 60, quando basicamente selecionavam as carteiras de ativos (empréstimos e investimentos).

> De um sistema, em que o foco principal dos intermediários financeiros estava centrado em seu ativo, evoluímos para um outro, em que a batalha mais importante é muitas vezes ganhar no lado do passivo. O preço da liquidez para as instituições financeiras nunca foi tão elevado (Mendonça de Barros, 1990: 23).[37]

Assim sendo, à medida que se reduz a participação relativa de M-1 na maioria das economias capitalistas e as empresas emitem títulos de dívida direta, o estoque de riqueza (poupança agregada, M-3), mantida sob a forma de ativos financeiros remunerados e líquidos, passa a delimitar a disponibilidade de crédito na economia. Enfim, as inovações financeiras e o surgimento de novos agentes relevantes, como os investidores institucionais, alteram o significado e os impactos da poupança financeira nos processos de reestruturação produtiva e patrimonial. Segundo Braga (1991: 18, grifo no original),

> no processo de *financeirização* da riqueza capitalista há um entrelaçamento complexo entre moeda, crédito e patrimônio; [...] A defesa da riqueza, do patrimônio, faz-se nas operações da macroestrutura financeira, que também vai alterando as formas de crédito, inclusive reduzindo a separação nítida entre os mercados de crédito e de capitais.

Indubitavelmente não se trata da clássica discussão liberal sobre a parcimônia da sociedade, isto é, a idéia de que se deve poupar mais individualmente, para investir e crescer mais no futuro, mas de que as transformações e as inovações financeiras recentes conformaram uma outra institucionalidade monetária e financeira, de certa forma antevista pelo próprio Keynes (1930: 193):

> antigamente poderia ter sido mais fácil do que hoje distinguir depósitos à vista de depósitos a prazo. [...] Em alguns países tal distinção ainda tem considerável validade. Porém, na Grã-Bretanha o "Bank Act" de 1844 extinguiu as notas bancárias e ofuscou a diferença entre os depósitos.

A relação de causalidade do investimento para a poupança, apontada por Keynes, continua válida sob qualquer hipótese. Todavia a antecipação de poder de compra para a realização dos gastos em bens de investimento passa, cada vez mais, a ser efetuada não na órbita monetário-creditícia, mas na órbita financeiro-creditícia, em que prevalece a acumulação de riqueza pretérita sob diferentes níveis de rentabilidade, risco e liquidez. Neste sentido, podemos identificar uma mudança na *natureza da moeda*, ou seja, uma crescente fusão entre a moeda e a poupança (financeira), renda pretérita acumulada.

Os novos *fluxos* de dívida – novos títulos de dívida primária descontáveis no sistema financeiro – para a manutenção da produção, do consumo e do investimento, neste último caso referente ao fundo *finance*, não se diferenciam do *estoque* de riqueza acumulada e líquida – do "dinheiro financeiro" –, que circula no interior do sistema bancário e financeiro. Segundo Mendonça de Barros (1990: 51-52),

> a segmentação clássica dos mercados, seja no nível das instituições financeiras, seja no nível dos contratos, praticamente desapareceu. O próprio conceito de moeda, matéria-prima básica destes mercados, vem

perdendo progressivamente sua clareza, deixando inclusive um grande vazio teórico pela frente. É um dos exemplos mais claros do descompasso entre teoria e evolução do arcabouço institucional em que ela é operada.

Se o aprisionamento de montantes crescentes de liquidez financeira restringe ou não a liquidez necessária à circulação produtiva e ao financiamento do investimento, impedindo a criação de riqueza futura, depende do confronto das taxas atuais e prospectivas de lucratividade do capital produtivo (eficiência marginal do capital fixo) e das taxas de juros (valorização do capital financeiro) e não pode ser decidido a priori.[38] Quando as expectativas de variação nas taxas de juros são maiores que as do capital produtivo, temos, com certeza, uma situação de iliquidez para o setor real da economia, e vice-versa. Genericamente, o que podemos afirmar é que um aumento da oferta de ativos financeiros de curto prazo com elevado grau de liquidez, as quase-moedas, torna mais complexa a regulação monetária por parte dos Bancos Centrais e mais difícil a monitoração da política monetária como um sinalizador dos investimentos (variação nas taxas de juros).

Boissieu,[39] no entanto, parece sugerir que a complexidade dos sistemas contemporâneos de crédito, com as notáveis emissões de títulos de dívida direta, poderia ser mais bem apreendida, introduzindo-se a clivagem entre "economia de endividamento" e "economia de mercados financeiros" (ou, mais precisamente, de mercados de capitais).[40] Postula que, numa economia de endividamento, o sentido de causalidade (entre a poupança e o investimento) parte do crédito, ou seja, os bancos concederiam empréstimos de acordo com critérios de lucratividade e risco, sem disporem previamente dos recursos necessários.[41] Numa economia de mercados financeiros, prevaleceria a causalidade inversa, pois os bancos somente concederiam novos créditos se dispusessem de um excesso de dinheiro em caixa, retomando, assim, a questão básica da teoria da repressão financeira, qual seja, a expansão do crédito ocorreria a partir da poupança previamente acumulada. Do nosso ponto de vista, este raciocínio se apóia em dois anacronismos. O primeiro refere-se ao fato de que a expansão das instituições não monetárias, sem acesso direto a fontes de financiamento do Banco Central (taxas de redesconto), implicaria um comportamento mais conservador das instituições financeiras, vale dizer, avançariam poder de compra apenas a partir de suas reservas internas. Esquece, porém, que a necessidade de impedir a falência do sistema como um todo, o exercício da função de *lender of last resort*, envolve a sustentação dos diversos setores insolventes (Minsky, 1986: 250-253). O resgate promovido pelo Federal Reserve quando da crise das bolsas em 1987 ilustra bem o estado das artes. O segundo refere-se à fonte predominante das moedas nos mercados de capitais, as rendas pretéritas acumuladas. Ignora, no entanto, que estas "poupanças financeiras" podem alavancar uma quantidade imensa de moedas privadas, amplificando a liquidez da economia.

É esta concepção estreita das moedas contemporâneas que se encontra por trás da seguinte argumentação sobre o fundo *finance*:

> como é criado este fundo rotativo? Keynes afirma que ele "pode ser fornecido tanto por novas emissões de ações como pelos bancos, o que não faz nenhuma diferença". Isto é bastante surpreendente, pois a maneira pela qual o fundo rotativo é criado tem claras conseqüências sobre o nível e a estrutura das taxas de juros (possíveis efeitos de *crowding out* etc.). Por outro lado, se *finance* é satisfeito através da emissão de títulos de dívida direta (bônus) comprados por agentes não financeiros, isto significa que ele se apóia numa *poupança previamente existente*. A única maneira de romper a ligação entre o *finance* e a poupança consiste na interpretação do *finance* em termos de créditos bancários adicionais numa economia de endividamento em expansão (Boissieu, 1985: 341, grifos no original).

De modo geral, a afirmação está correta em si mesma, mas não alcança o âmago da questão. As emissões de dívida direta nos mercados de capitais podem ser realmente lastreadas em renda acumulada líquida, circulando na esfera financeira. Entretanto o fato mais relevante é que esta riqueza pretérita (poupança financeira) permite assegurar a função de instrumento geral e ampliado do crédito. Vale dizer, permite que o crédito cresça muito além do produto. Torna-se, então, um exercício bizantino discutir o que é moeda ou o que é poupança na dinâmica hodierna dos sistemas financeiros.

Com relação aos possíveis impactos na estrutura e no nível das taxas de juros, um dos sinais mais explícitos desta nova dinâmica do crédito talvez possa ser identificado na crescente elevação do patamar das taxas de juros, nos principais mercados financeiros, entre 1960 e 1990 (Rousseas, 1986: 50-60). Porém, permanecendo coerente com a concepção de moeda creditícia endógena, Keynes não distinguia a demanda por moeda da demanda por crédito, já que o crédito era alavancado predominantemente no mercado monetário. Atualmente, com o avanço do crédito a partir do mercado financeiro, podemos afirmar que tornam-se indistintas a demanda de moeda e a demanda de poupança (ativos financeiros).

Não devemos cair na armadilha já anunciada por Keynes (1930: 191): no *Treatise on Money*, "essa função dual dos bancos (recebimento de depósitos à vista e a prazo) é a chave para muitas dificuldades na moderna teoria da moeda e do crédito e fonte de sérias confusões". Para ele, de um lado, os depósitos à vista nos bancos comerciais proveriam de moeda seus depositantes e, através do sistema de reservas fracionadas, de recursos adicionais os tomadores de empréstimos. Os bancos criariam, então, moeda, operando como uma câmara de compensação e transferindo ordens de pagamentos entre os clientes. Neste caso, estaríamos diante do mecanismo bancário segundo o qual os "empréstimos criariam depósitos". De outro lado, com os depósitos a prazo, atuariam meramente como intermediários nos empréstimos de capital. Receberiam depósitos a prazo do público e os empregariam em investimentos financeiros ou na produção. Aqui, seriam os "depósitos que possibilitariam os empréstimos". Em resumo, o pensamento keynesiano inclui a hipótese de que não são apenas os depósitos à vista que originam passivos monetizados, nos bancos comerciais, para fins de operacionalização do sistema de crédito. Na mesma direção, Kaldor (1982: 8), a partir de uma análise histórica do desenvolvimento inglês realizada pelo *Radcliffe Report* de 1959, define uma economia de dinheiro de crédito:

> é a posição de liquidez total que é relevante para as decisões de gasto e nosso interesse na oferta de moeda é devido à sua significância no quadro de liquidez global [...] A decisão de gasto depende da liquidez num sentido amplo, não do acesso imediato ao dinheiro.

Concluindo, a noção abrangente e hodierna da criação creditícia, a partir da nova dinâmica dos mercados financeiros com passivos remunerados e emissão de títulos (*securities*), não é incompatível com o pensamento keynesiano, como parece sugerir Boissieu ao estabelecer a clivagem entre economia de endividamento e economia de mercados financeiros. A questão precípua é que estamos assistindo a uma transição de um sistema monetário-creditício para um sistema financeiro-creditício. Isto é, a alavancagem de crédito ocorre cada vez menos no mercado monetário (M-1) e cada vez mais no mercado financeiro (M-3) e no mercado de capitais (bônus, notas, *commercial papers* etc.). Noutras palavras, tanto o *finance* como o *funding* passam a originar-se na poupança financeira agregada (renda acumulada). Porém "o problema econômico a ser tratado é o da evolução e não o da gênese (da moeda)" (Minsky, 1985: 319). Pouco importa a origem da moeda, se das instituições bancárias ou das não bancárias, se dos depósitos à vista ou dos depósitos remunerados. O essencial é a capacidade de um sofisticado sistema bancário e financeiro realizar plenamente os contratos, isto é, garantir o funcionamento do sistema de pagamento e de crédito e, por conseguinte, permitir o crescimento econômico ao longo do tempo.

Neste sentido, a preocupação última de McKinnon em acelerar o aprofundamento financeiro (aumentar a relação entre M-2 e o produto interno bruto), em si, está de acordo com os princípios reinantes nos mercados financeiros contemporâneos. Com o postulado de que o crescimento da poupança financeira garante por si só o incremento da poupança real ou macroeconômica e, portanto, do investimento produtivo, podemos afirmar, com o perdão do prosaico, que "ele atirou no que viu e acertou o que não viu". Ou seja, a liberalização financeira ao permitir a proliferação de ativos financeiros, com diferentes estruturas de prazo e remuneração, pode multiplicar a capacidade de alavancagem de crédito da economia. Porém a discussão acima, sobre a natureza das moedas, sinaliza a necessidade de se reduzirem a instabilidade e a incerteza. Caso contrário, aprisionar-se-ia essa massa monetária nos circuitos das quase-moedas e da especulação financeira, sobretudo nos mercados de capitais, sem qualquer impacto sobre o setor real. O *laissez-faire* das taxas de juros, se capaz de expandir os ativos financeiros, é incapaz, por si só, de promover a retomada do investimento.

Para que o aprofundamento financeiro amplifique a taxa de investimento, é necessário, além da disponibilidade de recursos por meio da prontidão dos bancos em ampliar a oferta de crédito, que os tomadores potenciais (os empresários produtivos) demandem efetivamente novos recursos. Por sua vez, isso requer a existência de expectativas de lucro favoráveis.[42] Noutras palavras, a expansão do M-3, com a proliferação de instrumentos financeiros, oportunidades de arbitragens e transações fictícias, *per se*, não induz a um aumento do crédito e dos investimentos, como proclama a teoria da repressão financeira, pois há incerteza acerca do futuro. Concluímos, portanto, que, "embora um maior volume de crédito bancário seja provavelmente um *sine qua non* de um aumento do emprego, um programa de investimentos domésticos capaz de absorver esta elevação é um *sine qua non* de uma expansão creditícia segura" (Keynes, 1963: 25).

Discutiremos, a seguir, os axiomas da teoria da repressão financeira de McKinnon e Shaw, no contexto latino-americano: a defesa da liberalização, interna e externa, como única forma de se alcançar o chamado aprofundamento financeiro, sem considerar as especificidades estruturais das economias periféricas e tardiamente industrializadas (ou semi-industrializadas); a natureza crônica da inflação que dificulta a efetivação de contratos, instituição básica de um mundo dominado pela incerteza; e as condições que determinam o investimento em capital fixo, as expectativas de rentabilidade. Procuraremos mostrar que a questão é mais complexa do que simplesmente identificar a repressão dos mercados de capitais, ou seja, não se trata de políticas públicas restritivas aos mercados financeiros, mas de monitoramento da moeda e do crédito em condições de incerteza muito elevada. Nas palavras de Kindleberger (1987: 350):

> concluo que a questão da regulamentação ou desregulamentação financeira implícita no conceito de repressão de McKinnon é excessivamente simples. Não se pode postular a existência de apenas mercados monetários e de capitais reprimidos e liberalizados. A história financeira, o caráter nacional, a evolução das instituições e as relações entre empresas e instituições financeiras, afetam tanto a maneira como os mercados financeiros reagirão às mudanças – regulamentação ou desregulamentação governamental financeira ou real – quanto a maneira como os mercados de capitais alocam de forma eficaz os recursos entre aplicações concorrentes.

Notas

1. Há uma vasta literatura sobre estas questões. Ver, particularmente, os artigos que tratam dos países do Cone Sul nas seguintes coletâneas: Casanova (1988) e O'Donnell, Schmitter & Whitehead (1988). Ver, também, Moulian & Vergara (1981); Gatica & Mizala (1990); Smith (1983).
2. Para uma visão geral das diversas correntes críticas às teses da repressão financeira, como, por exemplo, a abordagem neo-estruturalista, a teoria do racionamento do crédito, o papel da regulamentação e a supervisão do sistema financeiro, a seqüência da liberalização, ver Ferreira, Freitas & Schwartz (1992: 202-235). Os autores demonstram que o diagnóstico inicial de McKinnon e Shaw, centrado na defesa de taxas de juros elevadas e na remoção da intervenção pública sobre os mercados financeiros não é mais defensável, mesmo se nos ativermos aos limites das teorias liberais.
3. Devemos salientar que a teoria da repressão financeira tem o mérito de ser uma das poucas, se não a única, dentre as vertentes ortodoxas da teoria do desenvolvimento, a tratar do papel do sistema financeiro no crescimento econômico, ou melhor, no financiamento do desenvolvimento.
4. Cf. Keynes (1930: 129-130): "é evidente que a poupança pode ocorrer sem qualquer investimento correspondente, se considerarmos o que acontece quando um indivíduo se abstém de gastar toda sua renda nominal no consumo. Não importa o que ele faz com o excedente – se o deposita em seu banco, paga um empréstimo, compra uma casa ou uma ação – desde que seu ato não seja acompanhado de um ato adicional de investimento por um empresário." E mais: "a realização do ato de poupar não constitui em si qualquer garantia de que o estoque de bens de capital aumentará na mesma proporção." Enfim, um aumento no volume de poupança não induz a um crescimento correspondente do investimento.
5. Segundo Keynes (1937a: 151, grifo no original): "a taxa de juros é um fenômeno *monetário*, [...] no sentido em que equipara as vantagens da posse presente do dinheiro e do direito futuro sobre este." Ou seja, a

taxa de juros sobre uma aplicação de determinada qualidade e de certo prazo é estabelecida no nível que, na avaliação dos detentores de riqueza, torna mais vantajosa a troca de liquidez imediata pela perspectiva de aumento da riqueza futura.

6 Cf. Keynes (1937a: 154): "não é a taxa de juros, mas sim o nível de renda que assegura a igualdade entre poupança e investimento."

7 Trata-se de um fluxo de renda, registrado nas Contas Nacionais, que corresponde aos gastos em bens e serviços para investimento.

8 Devemos registrar que a tradição da teoria dos fundos de empréstimos foi duramente criticada por Keynes (1936: 168): "agora (na *Teoria Geral*) já não sou da opinião de que o conceito de uma taxa 'natural' de juros, que antes me pareceu uma idéia das mais promissoras, possa trazer à nossa análise uma contribuição verdadeiramente útil ou importante." De acordo com Belluzzo & Almeida (1990: 64, grifo no original): "a objeção de Keynes quanto à 'taxa natural' é que as expectativas empresárias estão em constante mutação, provocando alterações súbitas na hipotética taxa natural, ou seja, na avaliação do futuro, de forma que o sistema de preços dos ativos se moveria contínua e independentemente das políticas bancária e monetária. O caso extremo é o da 'armadilha de liquidez', em que o sistema de preços torna-se insensível aos estímulos monetários. A contribuição de Keynes foi, assim, a de mostrar que os sistemas monetários *não têm âncora natural* e que a única possibilidade para operarem de forma estável é a de que o passado continue a se reproduzir no presente e determine as expectativas do futuro." Ver, também, Silva (1991).

9 Neste ponto devemos marcar uma vez mais as diferenças com relação à teoria da "repressão financeira". Apesar de ressaltar a natureza monetária do crédito, McKinnon perde o essencial ao estabelecer que a oferta de crédito e a demanda de empréstimos constituem o equivalente monetário da oferta de poupança e demanda de investimento. Assim, impõe restrições ao papel do sistema bancário, que poderíamos keynesianamente classificar de passivo. Para este último, o crédito não está associado a nenhum fundo de poupança. Constitui, na verdade, meios líquidos gerados pelo setor monetário do sistema financeiro e, no limite, de forma independente até dos depósitos à vista, daí o seu papel ativo. Cf. Keynes (1937b: 170): "dados o estado de expectativa do público e a política dos bancos, a taxa de juros é aquela segundo a qual a demanda e a oferta de recursos líquidos se equilibram. A poupança de maneira alguma faz parte do quadro."

10 Esses créditos podem ser destinados tanto ao financiamento da formação de capital fixo, quanto da produção corrente, do consumo, da aquisição de ativos reais ou financeiros já existentes com fins especulativos ou de acumulação.

11 Ao descontar títulos privados em posse dos bancos, um Banco Central fixa o preço de seus empréstimos de liquidez ao sistema bancário.
12 Cf. Keynes (1936: 144, grifos no original): "talvez fosse mais exato dizer que a taxa de juros seja um fenômeno altamente convencional do que basicamente psicológico, pois o seu valor observado depende sobremaneira do valor futuro que se lhe prevê. *Qualquer* taxa de juros aceita com suficiente convicção como *provavelmente* duradoura *será* duradoura; sujeita, naturalmente, em uma sociedade em mudanças a flutuações originadas por diversos motivos, em torno do nível normal esperado."
13 De acordo com Belluzzo & Almeida (1990: 63), "a moeda é administrada em primeira instância pelos bancos que têm o poder de avaliar o crédito de cada um dos centros privados de produção e de geração de renda e, com base nisso, emitir obrigações contra si próprios, ou seja, dinheiro. A criação monetária até aqui depende exclusivamente de que os bancos sancionem a aposta privada. Em segunda instância, o Estado, através do Banco Central, referenda ou não o crédito a que os agentes julgam ter direito e os bancos avançam aos centros privados de decisão."
14 Cf. Kalecki (1983: 24): "o financiamento do investimento adicional é realizado pela chamada criação de poder de compra. Há um aumento da demanda por créditos bancários e esses são concedidos pelos bancos. Os recursos usados pelos empresários para a construção de novos estabelecimentos atingem as indústrias de bens de investimento. Essa demanda adicional põe em operação o equipamento ocioso e o trabalho desempregado. O aumento do emprego é uma fonte de demanda adicional por bens de consumo e isso, por sua vez, gera um nível mais alto de emprego nas respectivas indústrias. Finalmente, a despesa de investimento adicional vai, diretamente e através dos gastos dos trabalhadores, para os bolsos dos capitalistas (estamos supondo que os trabalhadores não poupam). Os lucros adicionais retornam aos bancos como depósitos. Os créditos bancários aumentam em montante igual ao investimento adicional e os depósitos em valor igual aos lucros adicionais. Os empresários que se engajam em investimento adicional 'impelem' para os bolsos de outros capitalistas os lucros que são iguais a seus investimentos, e tornam-se devedores desses capitalistas em igual montante, através dos bancos."
15 Sobre os limites da contribuição do crédito ao processo de formação de capital, ver Zoninsein (1989).
16 Tavares (1983: 110) ressalta que "é perfeitamente possível financiar as inversões através da ampliação e renovação contínua da dívida de curto prazo, cuja solvabilidade é garantida nas etapas de expansão pelo rápido crescimento da produção e crescente retenção de lucros". Entretanto essa conclusão somente é válida para ampliações de capaci-

dade nos setores em que não há individibilidades técnicas significativas e os prazos de maturação são relativamente curtos.

[17] Devemos frisar, no entanto, que "a instabilidade é da natureza das economias monetárias" e que a criação endógena de moeda pelos agentes privados (bancos e empresas) constitui um modo de alavancar e prolongar a fase expansiva do ciclo, quando perspectivas de lucros crescentes sustentam a confiança daqueles agentes, mas não de evitar a iliquidez quando a conjuntura é desfavorável.

[18] Andrade (1992: 123): "a formulação de Asimakopulos é inaceitável à construção teórica de Keynes e constitui um rompimento com o princípio da demanda efetiva."

[19] Entretanto devemos acrescentar a seguinte ressalva: "ora, os mercados de novos empréstimos de curto prazo e de novas emissões de longo prazo são substancialmente os mesmos das transações velhas, não sendo relevantes, em nosso plano atual de discussão, pequenas anomalias" (Keynes, 1937b: 166). O autor parece sugerir que a compatibilização das estruturas passivas e ativas, de diferentes prazos, riscos e garantias, pode ser feita no interior do próprio sistema de financiamento. Ou seja, o sistema financeiro se encarregaria de diversificar os ativos conferindo-lhes características de divisibilidade, liquidez, rentabilidade e segurança. Porém, isto não elimina a necessidade de superávits de renda temporariamente disponíveis e passíveis de serem livremente manejados.

[20] Keynes (1963: 13, grifos nossos): "o mundo empresarial, como um todo, deve estar sempre em posição de ganhar com uma alta ou perder com uma baixa de preços. Goste ou não, a técnica de produção sob regime de contrato em dinheiro força o mundo empresarial a assumir sempre uma grande posição *especulativa*." Ver, também, Possas (1987).

[21] Cf. Baer (1993: 29): "embora as decisões de investimento e de poupança sejam totalmente independentes no nível dos agentes individuais, é necessário que haja uma mínima compatibilidade entre o volume global de investimentos que ampliam a capacidade produtiva e suas necessidades de financiamento de longo prazo e o volume de poupança e sua forma de aplicação como base do processo de *funding*." Ressaltamos que o nível da poupança agregada está relacionado com o nível e a distribuição da renda, bem como com o padrão de crescimento e de consumo da economia, decorrente das características estruturais da industrialização.

[22] Veremos, a seguir, as dificuldades inerentes para se dinamizar os mecanismos de consolidação e intermediação da poupança financeira, assim como assegurar a complementaridade entre as atividades de empréstimo bancário e de participação no capital acionário das empresas produtivas na maioria dessas economias.

23 Apesar de Wicksell (1911: 73, grifos no original) também desconsiderar a autonomização dos mecanismos de valorização financeira, podemos afirmar que McKinnon dá um passo atrás na formulação daquele no que se refere à importância da diferenciação de ativos financeiros em curto e longo prazos: "as formas mais sofisticadas da organização do crédito são o *mercado de capitais* e o *sistema bancário*, principalmente este último. Apenas mencionaremos de passagem as atividades das bolsas de valores. Estas se ocupam essencialmente do crédito a *longo* prazo, investimentos de capital fixo, títulos do Estado, ações etc., enquanto o crédito diretamente associado com o dinheiro, como instrumento de crédito, se refere ao de *curto* prazo, do qual se ocupam principalmente os bancos. Devemos notar, porém, que a linha de demarcação entre esses dois tipos de crédito é bastante indeterminada. Assim como os bancos cumprem a função de *consolidar* o crédito a curto prazo, isto é, fazendo com que uma sucessão de créditos a curto prazo se converta em créditos a longo prazo, a função da bolsa também se relaciona com as especulações, pouco compreendidas pelas pessoas, a fim de *mobilizar* o capital fixo, criando um mercado permanente de investimentos de capital a longo prazo, e, como qualquer outra organização de crédito, desempenhando a dupla função de centralizar as operações e garanti-las contra riscos. Atualmente, as atividades bancárias e as das bolsas de valores estão cada vez mais ligadas entre si, principalmente no plano internacional."

24 O montante de capitais próprios disponíveis para o investimento (autofinanciamento) depende do poder de geração e retenção de excedente que, por sua vez, é determinado pelo volume dos investimentos anteriores, pelas margens brutas de lucro e pela distribuição do lucro gerado entre diversas categorias de despesas indiretas (impostos, juros, dividendos etc.). Cf. Calabi (1981).

25 Kalecki (1954: 132): "as decisões de investimento acham-se intimamente ligadas à acumulação interna de capital, isto é, à poupança bruta das firmas. Haverá uma tendência a empregar essa poupança em investimento, e, além disso, o investimento pode ser financiado por dinheiro vindo de fora, atraído pela acumulação do capital da empresa. A poupança bruta das firmas, portanto, expande os limites impostos aos planos de investimento pelas restrições do mercado de capitais e pelo fator do 'risco crescente'." Ver também, Possas & Baltar (1981: 141).

26 De acordo com Keynes (1936: 114), "empregamos a nossa inteligência em antecipar o que a opinião geral espera que seja a opinião geral".

27 O apelo ao capital externo pode deixar de ser um recurso indispensável e essencial ao desenvolvimento econômico periférico quando se constituem, a partir de bases empresariais nacionais, estratégias agressivas de produção para o mercado internacional, capacitando tanto a geração de recursos para cobrir as necessidades de bens e serviços

importados, quanto possibilitando outras formas de associações com o capital estrangeiro, *joint ventures*, por exemplo. Ver Canuto (1991).

[28] Cf. Miranda (1992: 3): "Keynes evidencia-se, sobretudo, como um economista monetário e institucionalista. Por isso, a leitura de sua obra deve ser mediada pelo contexto de uma ordem mundial no interregno das hegemonias britânica e americana. São as determinações institucionais que, em última instância, definem o que em sua obra é datado e o que, perpassando os anos, pode constituir, ainda, matéria importante à compreensão da política econômica contemporânea."

[29] Cf. Minsky (1986: 247): "as companhias financeiras são como os bancos comerciais, visto que primeiro fazem os empréstimos para depois encontrarem os recursos."

[30] Para uma descrição detalhada dos novos instrumentos financeiros (*Note Issuance Facilities*, *Floating Rate Notes*, opções e Futuros, *Swaps* etc.), ver Ferreira & Freitas (1989).

[31] Cf. Mendonça de Barros (1990: 45): "os depósitos à vista representaram no passado o contrato passivo por excelência dos bancos comerciais, matéria-prima básica para todas as suas atividades de intermediação financeira. Atualmente, os depósitos à vista não representam mais do que 15% do passivo total do sistema bancário. Foram substituídos por outros contratos que, embora não tenham a liquidez imediata garantida contratualmente, pagam juros a seus titulares." Ver, também, Minsky (1986: 80).

[32] Sobre os novos sistemas de pagamentos, tais como o *money market mutual fund*, fundos de curto prazo lastreados em títulos públicos que possuem esquemas de compensação possibilitando aos mutuários o uso de talões de cheques; e o *Cash Management Accounts*, instrumento misto de depósito bancário e investimento acionário, com direito a emissão de cheques e cartões de crédito, ver Freitas & Schwartz (1992).

[33] Os sistemas financeiros da França, Alemanha, Japão, como de resto qualquer outro, devem ser analisados levando em conta especificidades de organização interna, o que determina a quase impossibilidade de uma teoria monetária geral. Cf. Hicks (1978: 63): "a teoria monetária é menos abstrata que a maior parte da teoria econômica; não pode evitar uma relação com a realidade, que falta, algumas vezes, em outros setores. Faz parte da história monetária, de uma forma que a teoria econômica nem sempre faz parte da história econômica."

[34] A tarefa de tornar líquidos os ativos, concentrar e canalizar recursos para a capitalização das empresas, do comércio etc. no contexto internacional recente, além do intenso desenvolvimento dos mercados secundários para garantir liquidez aos títulos de longo prazo, vem sendo desempenhada, também, pelos instrumentos de seguro contra riscos de variações nas taxas de juros e de câmbio (derivativos financeiros) e

pela introdução de taxas de juros flutuantes nas operações ativas do sistema bancário. Cf. Baer (1990: 70): "em função destas flutuações (das taxas de câmbio e de juros), a dinâmica nos mercados de capitais vem associada a uma intensa utilização de mecanismos que visam essencialmente o encurtamento do prazo e a cobertura de risco. Isso faz com que a dinâmica nos mercados de capitais se aproxime cada vez mais das características de funcionamento dos mercados monetários."

35 Minsky (1986: 233-234) indica a existência de três padrões de financiamento: o *hedged* ocorre quando uma empresa espera fazer face ao serviço de sua dívida apenas com a receita de suas vendas; o *speculative*, quando a parcela de juros do financiamento de um investimento é integralmente paga pelas receitas correntes da empresa, mas toda ou parte da amortização tem de ser renegociada periodicamente no mercado financeiro; e o *Ponzi*, quando nem mesmo os juros podem ser integralmente pagos com as receitas correntes da empresa.

36 Para alguns autores as inovações financeiras, a partir dos investidores institucionais, ao diversificarem as formas de detenção da riqueza, poderiam garantir a estabilidade dos sistemas produtivos e financeiros. Desse modo, a gestão dos fundos institucionais induz a uma rediscussão sobre os padrões de poupança. Cf. Aglietta (1990: 142-143).

37 No mesmo sentido, Chick (1986: 111-126) apresenta cinco estágios (padrões) de desenvolvimento do sistema bancário, sendo que no último (iniciado na primeira metade da década de 70) os bancos passam a desempenhar a "administração de passivos" (*liability management*): "a solvência e não a liquidez, é a questão hoje."

38 Cf. Keynes (1936: 121): "a curva da eficiência marginal do capital comanda as condições em que se demandam fundos disponíveis para novos investimentos, enquanto a taxa de juros rege os termos em que esses fundos são correntemente oferecidos."

39 Boissieu (1985: 339): "enquanto a teoria do emprego, da produção e da renda de Keynes refere-se principalmente a uma economia de endividamento, a teoria da preferência da liquidez prende-se mais a uma teoria dos mercados financeiros."

40 A noção de "economia de endividamento" está associada à revista *Business Week* que publicou, entre 1972 e 1979, alguns artigos enfatizando o crescimento exponencial das dívidas nos EUA (*The debt economy*). A distinção entre esta e a "economia de mercados financeiros" foi sugerida por Hicks, em 1974: "seria útil pensar a questão da liquidez como dividida em dois setores, um que se apóia na posse real de ativos líquidos (poupança) e outro que é sustentado principalmente pelo poder de empréstimo assegurado (ou aparentemente assegurado), pelos bancos (crédito). Chamaremos esses setores de *auto-sector* e *overdraft sector*." Cf. Hicks (1987: 42).

[41] Cf. Boissieu (1985: 338): "numa economia de endividamento, graças aos bancos, o financiamento dos investimentos pode ocorrer sem a existência obrigatória de uma poupança prévia."

[42] Cf. Tavares (1986: 146): "não basta adotar uma política economicamente aceitável; é necessário expandir-se e, portanto, garantir taxas diferenciais de lucro crescentes para os setores oligopólicos."

Capítulo 3

AS ESPECIFICIDADES DO PADRÃO DE FINANCIAMENTO LATINO-AMERICANO: CONTRATOS FINANCEIROS EM CONDIÇÕES INFLACIONÁRIAS

> É aceito de maneira mais ou menos generalizada que a criação de um "mercado de capitais" é uma condição necessária e suficiente para elevar a taxa global de poupança, já que uma intermediação financeira eficiente se traduziria em maior mobilização dos excedentes da comunidade e em seu investimento em setores básicos para o processo de desenvolvimento econômico. Não resta dúvida de que o desenvolvimento de uma intermediação financeira diversificada fornece [...] os meios para transferir recursos financeiros [...] e que [...] melhorará a eficiência geral do sistema econômico. No entanto, derivar desta afirmação (mais ou menos axiomática) a suposição de que o progresso financeiro leva, por si só, tanto ao aumento da taxa global de poupança-investimento como à canalização da poupança dos setores potenciais ou relativamente superavitários para os setores estratégicos de maior significação para o desenvolvimento, a longo prazo, parece não corresponder à realidade da maior parte dos países nem encontra, tampouco, apoio nas análises teóricas sobre este assunto.
>
> CEPAL, 1976: 108-109

Keynes definia as economias capitalistas como "economias monetárias de produção", pois a condição básica de seu funcionamento é a existência de uma malha de contratos fixados em termos monetários:

o dinheiro se coloca, num amplo campo, entre o ativo real e o proprietário da riqueza. O proprietário efetivo do ativo real financiou-se mediante empréstimo do proprietário real da riqueza. Além disso, é em grande parte por intermédio do sistema bancário que isto foi arranjado. Em outras palavras, os bancos interpuseram, por uma consideração, sua garantia, permanecendo como o real fornecedor e o real tomador do empréstimo. Deram sua garantia ao emprestador de fato; e sua garantia só é boa se o valor monetário do ativo pertencente ao real tomador do empréstimo valer o dinheiro que por ele foi entregue (Keynes, 1963: 47).[1]

Toda e qualquer transação no mercado capitalista tem como representação um contrato que corresponde a uma responsabilidade futura entre as partes envolvidas e, exatamente porque "o dinheiro é simplesmente aquilo que o Estado, de tempos em tempos, declara ser um bom instrumento legal para saldar contratos em dinheiro" (Keynes, 1963: 7), o capitalismo presume um padrão de medida de valor e de fixação dos contratos com uma certa estabilidade. Estabilidade sujeita a rupturas temporárias e reversíveis, pois fundada exclusivamente na confiança, a partir de convenções e crenças, com capacidade de orientar o comportamento racional e calculador dos agentes no mercado.

Neste sentido, arranjos institucionais que possibilitem a emissão de títulos de longo prazo (recursos disponíveis para o processo de consolidação do investimento produtivo – *funding*), que depende de expectativas de taxas de juros positivas engendradas no interior do sistema financeiro, passam a desempenhar um papel fundamental, à medida que contra-restam a incerteza relativa ao financiamento de posições de longo prazo e reduzem o risco de instabilidades financeiras que poderiam abortar o processo de crescimento. Em condições de relativa estabilidade de preços ou de "ilusão de moeda estável", diminui o prêmio exigido pelos aplicadores pelo risco de mercado (risco de desvalorização do ativo) inerente a estes títulos. Segundo Davidson (1989: 17):

a instituição dos contratos a prazo, por meio de resgates e pagamentos no futuro, é que permite aos agentes atuarem e controlarem os efeitos de um futuro incerto. O contrato a longo prazo é a maneira como uma economia de livre mercado, num mundo incerto, funda controles institucionais de preços e salários, ao longo do tempo. Em tal mundo as âncoras contratuais sobre os eventos futuros são condições necessárias para estimular os empresários a executarem atividades econômicas numa economia de mercado.

Em economias com tensões inflacionárias renitentes, o efeito das expectativas de variação dos preços é o de impossibilitar os contratos e/ou reduzir a amplitude e os prazos dos mesmos, pois a incerteza sobre o poder de compra da moeda se amplia brutalmente.[2] Os mercados somente operam no curto prazo, em que os custos e rendimentos são mais previsíveis por parte dos agentes e, ademais, podem renegociar em menores lapsos de tempo as condições estipuladas nos contratos. Na verdade, temos aqui uma "falácia de composição": cada unidade acredita que terá menores riscos operando no curto prazo, contudo, esses comportamentos individuais provocam por si mesmos uma maior fragilidade do conjunto do sistema, à medida que cresce o número de empresas que precisam constantemente refinanciar seus passivos e ativos.

Do nosso ponto de vista, esta é a questão fundamental com relação à atrofia do sistema financeiro dos países em desenvolvimento: com a persistência de elevadas taxas de inflação e "na ausência de mecanismos formais de indexação *os mercados financeiros nacionais não se desenvolvem*. Quando muito é o governo que assume a função de ofertante de créditos [...]. O mercado restringe-se às operações de curtíssimo prazo do mercado monetário, e praticamente inexiste o mercado de capitais" (Mendonça de Barros, 1993: 3, grifos nossos).

Então, trata-se de introduzir mecanismos de defesa do valor real do contrato através de uma cláusula de variação do seu valor de face em função de algum referencial externo. A indexação, com base na variação de um índice de preços, dos valores de títulos emitidos pelo sistema financeiro e dos contratos de financiamento constitui uma maneira de regularizar os contratos de débito e crédito e viabilizar o desenvolvimento da intermediação financeira, inclusive da própria dívida pública.[3] Sumariamente, em situações que apresentam pressões inflacionárias pertinazes, a tendência dos detentores de riqueza é reduzir os prazos de suas aplicações financeiras diante das incertezas quanto à evolução dos preços. Configura-se, assim, um problema central de algumas economias em desenvolvimento, ignorado pelos teóricos da "repressão financeira": como a demanda por ativos líquidos é elevada, a capacidade do sistema financeiro tanto de fornecer crédito de curto prazo, quanto de monitorar o funcionamento contínuo dos mercados de títulos de longo prazo fica limitada.

O insuficiente desenvolvimento dos sistemas financeiros latino-americanos no que concerne ao volume, prazos e condições de crédito de médio e longo prazo não deriva estritamente da "repressão", mas da instabilidade e da incerteza, extremamente elevadas, bem como da falta de confiança dos poupadores e dos investidores. As taxas de juros negativas decorrem da instabilidade macroeconômica, especificamente, da aceleração inflacionária, e não das políticas públicas de promoção do crescimento. Trata-se, na verdade, de um constrangimento estrutural à plena constituição da intermediação financeira.[4]

Nas palavras de Keynes (1963: 3):

> à medida que a inflação avança e o valor real da moeda flutua selvagemente de um mês para outro, todas as relações permanentes entre devedores e credores, que formam o fundamento último do capitalismo, se tornam tão completamente desordenadas que passam quase a não ter sentido; e o processo de aquisição da riqueza degenera em jogo e loteria.

Este constitui um dos equívocos fundamentais da teoria da "repressão financeira": os mecanismos de capitalização financeira e de endividamento supõem não a existência de "poupanças prévias", mas de uma institucionalidade financeira e monetária capaz de proliferar títulos de toda espécie, com diferentes graus de rentabilidade, risco e liquidez. Vale dizer, a compreensão keynesiana da dinâmica financeira permite-nos afirmar que os problemas do subdesenvolvimento decorrem da ausência de mecanismos de financiamento e da impossibilidade de se diferir no tempo o gasto da renda pretérita acumulada, bem como de canalizar esses recursos para projetos de investimento, e não de simples restrições públicas.

Dado este constrangimento, os mercados financeiros privados na América Latina nunca geraram um fluxo de capital suficiente para apoiar uma taxa significativa de investimento nas atividades produtivas. Então, como criar instrumentos e instituições capazes de financiar o investimento, a produção e o consumo? Como canalizar fundos de capital (lucros retidos, recursos acumulados pelas famílias etc.) para estas instituições? Como induzir o setor financeiro privado, tradicionalmente operando no curto prazo, a participar de linhas de financiamento ao sistema produtivo, além dos créditos de liquidez? Enfim, como montar o aparelho de financiamento da economia?

Desta forma, não se trata de reorientar os recursos e instituições existentes, como querem os teóricos da "repressão financeira", mas de desenvolver novas formas de criação de crédito e intermediação financeira. Nas palavras de Baer (1993: 37),

> não é o sistema financeiro o responsável pela adequada alocação dos recursos de uma economia. Esta alocação é, *a priori*, determinada pelas decisões de investimento, a partir das quais se estabelece a demanda por recursos ao mercado financeiro, seja de *finance* seja de *funding*. A responsabilidade do sistema financeiro consiste na sua capacidade de satisfazer adequadamente as demandas de financiamento. Isto é, fornecer créditos de curto prazo e criar condições para que os detentores de riqueza estejam dispostos a diferir seu poder de compra no tempo e pôr

seus recursos à disposição das unidades econômicas transitoriamente deficitárias em seus fluxos de caixa. [E mais:] ainda que os agentes financeiros não sejam os responsáveis pela alocação dos recursos, [...] eles podem frustrar as decisões ao não cumprirem com suas necessidades de financiamento. É nesta capacidade unilateral de negar a oferta de crédito que consiste o poder e profundo impacto que os bancos podem exercer sobre o processo de acumulação.

Em suma, não se poderia esperar que coubesse ao setor financeiro a responsabilidade de promover a correção das características intrínsecas de um determinado padrão de desenvolvimento, nem a realocação dos recursos em determinada direção e tampouco o aumento da taxa de investimento.

Nessas condições, o controle do sistema de financiamento pelo Estado, viabilizando disponibilidades de recursos para o investimento produtivo, é decisivo. Uma orientação pública rigorosa e eficaz, devidamente coordenada e centralizada, se faz necessária tanto na maior participação das instituições financeiras públicas na captação, oferta e canalização dos recursos financeiros para setores e empresas prioritários, quanto na integração dos intermediários financeiros privados com a estratégia explícita de desenvolvimento. Vale dizer:

> a experiência parece ensinar que exceto quando são expressamente criadas instituições financeiras "desenvolvimentistas" sob controle do setor público, dificilmente um país pode resolver os problemas de transferência intersetorial (ou espacial) de recursos para os setores mais atrasados ou para novos setores ou regiões, através do desenvolvimento espontâneo de seus intermediários financeiros (CEPAL, 1976: 109).

Esta problemática estava colocada no período inicial do processo de industrialização por substituição de importações. As dificuldades na mobilização de recursos para o financiamento público e privado não foram acompanhadas por modificações importantes na estrutura financeira interna. Faltou capacidade política para institucionalizar a captação e transferência de recursos privados na quantidade e forma convenientes ao financiamento do processo de industrialização, bem como para estabelecer novas formas de arrecadação fiscal e parafiscal que substituíssem as tradicionais e as vinculadas aos excedentes do setor exportador.[5] Em suma, tanto o setor privado quanto o setor público não dispunham de instrumentos financeiros e fiscais para cobrir os programas de expansão do capital produtivo.

A solução pragmática encaminhada pela CEPAL e pelas políticas econômicas da maioria dos países da América Latina foi a entrada de capitais externos[6] na forma de investimentos de risco ou endividamento com instituições oficiais e/ou privadas e a criação dos bancos estatais de desenvolvimento para financiar os projetos de investimentos em setores novos e estratégicos, à margem da intermediação financeira. Ademais, o setor público foi obrigado a mobilizar recursos via políticas cambiais, subsídios cambiais para a importação de bens intermediários e de capital, proteção tarifária que garantia elevadas margens de autofinanciamento às empresas privadas substitutivas de importações e mecanismos de poupança forçada representados pela inflação e pelos depósitos compulsórios etc. A expansão do capitalismo na América Latina ocorreria, então, através das linhas de menor resistência, consolidando um padrão de desenvolvimento que nunca logrou solucionar de forma permanente o problema do financiamento a longo prazo.

Merece alguns comentários adicionais o fato de que, dentro de certos limites, os governos puderam manipular as taxas de inflação como um instrumento a mais de financiamento, à medida que propiciavam transferências intersetoriais de recursos através das modificações bruscas nos preços relativos dos principais bens e serviços.

> Deste modo, a maior parte dos países começou a utilizar a expansão inflacionária como meio de equilibrar a pressão simultânea dos setores público e privado sobre o sistema financeiro. Em alguns casos, e por

períodos mais ou menos curtos, de acordo com as características de cada país, este se transformou num efetivo mecanismo de poupança forçada que sancionava *a posteriori* as decisões de investimento nos setores com maiores possibilidades, mas que, com o tempo, perdeu por completo sua eficácia (CEPAL, 1976: 128).

A deterioração da funcionalidade da inflação como mecanismo de transferência de recursos intersetoriais decorre de que a persistência do processo inflacionário institui reações defensivas mais rápidas dos diversos agentes econômicos, conformando um sistema de preços extremamente ágil nos mecanismos de propagação.

Em síntese, na ausência de um mercado de capitais ativo[7] e de um sistema privado de bancos solidários com o processo de industrialização, bem como devido às limitações tributárias, o Estado foi obrigado a utilizar a política cambial e creditícia, as transferências inflacionárias e a atração do investimento e do endividamento externo. Através dos fundos, programas e agências financeiras estatais conseguiu, em alguns casos, aglutinar e aportar as massas de recursos financeiros necessários aos projetos de grande escala e longos prazos de maturação, sobretudo os relacionados com a implantação da infra-estrutura econômica e social e da industrialização pesada (Fiori, 1991).

1. *O monitoramento do* finance *e do* funding *em condições de inflação crônica*

O movimento que identificamos nos sistemas financeiros dos principais países desenvolvidos, notadamente nos anglo-americanos, em direção a ativos remunerados e líquidos, à primeira vista pode parecer muito semelhante à desmonetização característica das economias latino-americanas: a moeda corrente perde progressivamente a função de reserva de valor. Mas, se os sistemas financeiros internacionais têm os seus recursos (inovações em instrumentos e instituições), os latino-americanos têm os seus limites. Senão vejamos.

A dinâmica específica dos mercados monetário-financeiros latino-americanos, com acentuado grau de desmonetização, está basicamente associada, como mostramos anteriormente, ao patamar inflacionário e à desconfiança no padrão monetário. A redução extremamente acentuada no percentual de M-1, na verdade, significa uma ruptura das funções monetárias, e o aumento das quase-moedas corresponde à introdução das "moedas indexadas", isto é, o "dinheiro financeiro" passa a ser corrigido por um índice geral de preços ou expresso em uma moeda estrangeira. Nas palavras de Mendonça de Barros (1993: 3), "a defesa que se busca, ao permitir uma cláusula de variação do valor de face do contrato em função de algum referencial externo, é em relação a seu valor real. Em uma conjuntura de inflação crônica, a questão relevante é o poder de compra da moeda associada aos contratos financeiros no prazo de sua validade." Esta situação é muito diversa das quase-moedas dos países desenvolvidos, onde no máximo ocorreu a introdução de taxas de juros flutuantes, ou seja, são repactuadas a cada rodada de negociações.

Em processos inflacionários crônicos, a moeda – instrumento geral dos contratos, de troca e de avaliação da riqueza privada – deixa de exercer a função de padrão adequado de referência dos preços e de reserva de valor.

> A "desmonetização" é a contrapartida da fuga do dinheiro, já que os agentes privados não mais vêem nele um ativo dotado da propriedade de representar um valor pela sua simples posse. No limite, a demanda de moeda inativa (os motivos precaução e especulação da tríade keynesiana) baixa a zero, o que significa a destruição do dinheiro do rol dos ativos e a incapacidade total de gestão monetária e regulação da taxa de juros pelo Estado (Belluzzo & Almeida, 1990: 65).

Este caso-limite pode ser observado na segunda metade da década de 80, em todos os países do Cone Sul: o percentual de M-1/PIB permaneceu em torno de 7% na Argentina, 6%

no Chile e 8% no Uruguai. A relação dos depósitos à vista nos bancos comerciais com o PIB flutuou em torno de 2% na Argentina e 3% no Chile e no Uruguai. A substituição da moeda corrente por um outro ativo indexado (Chile) ou por uma moeda estrangeira (Uruguai) corresponde à busca de proteção e de referência para a riqueza (ver Tabelas de 3 a 5).

Tabela 3 – Argentina			% Produto Interno Bruto		
Ano	M-1	Depósito à vista	Quase-moeda	Crédito ao setor privado	FBCF
1961	16,83	7,00	6,25	16,42	22,33
1965	13,74	5,56	6,41	11,89	17,05
1970	18,59	10,55	8,35	17,99	19,94
1973	15,63	8,23	10,97	20,30	19,34
1974	18,11	10,06	12,07	23,54	20,12
1977	10,80	4,83	13,90	20,74	27,19
1978	11,22	4,39	16,77	23,27	24,38
1979	9,80	4,18	20,74	28,08	22,70
1980	9,69	3,86	19,34	29,45	22,17
1981	8,53	2,90	23,43	40,54	18,76
1982	11,00	4,15	20,12	46,70	15,85
1983	10,99	3,46	22,74	42,60	17,27
1984	8,54	2,29	22,48	36,02	15,39
1985	7,65	2,51	13,64	22,68	13,45
1988	7,01	1,53	26,11	28,28	12,99

Fonte: IMF, *International Financial Statistics*, Yearbook, 1991.
Dados em fim de período. M-1, Alínea 34; Depósitos à vista, Alínea 24; Quase-moeda, Alínea 35; Créditos ao setor privado, Alínea 32b; PIB, Alínea 99b.

A impossibilidade dos agentes econômicos de procederem às antecipações com um mínimo grau de certeza converge as decisões de acumulação financeira para a "moeda indexada". As quase-moedas vão concentrando todos os saldos monetários, poupanças e riquezas financeiras, englobando a maioria dos agentes, tanto indivíduos, quanto produtores, investidores institucionais, rentistas e especuladores. Assim, as

Tabela 4 – Chile   % Produto Interno Bruto

Ano	M-1	Depósito à vista	Quase-moeda	Crédito ao setor privado	FBCF
1961	9,18	5,42	5,65	14,11	–
1965	7,61	6,33	5,55	11,57	15,92
1970	10,82	6,09	6,43	8,84	14,91
1973	19,93	11,56	18,87	5,16	13,04
1974	9,11	5,30	12,92	6,33	16,96
1977	6,88	3,09	11,67	20,01	13,20
1978	7,18	3,61	14,03	28,94	14,77
1979	7,33	3,91	14,97	34,18	14,89
1980	8,09	4,62	17,83	43,41	16,65
1981	6,48	2,94	21,73	51,10	18,62
1982	7,46	3,97	31,64	82,48	14,61
1983	7,25	3,87	30,52	74,09	12,00
1984	6,89	3,49	31,16	81,10	12,36
1985	5,76	2,67	35,41	70,09	14,22
1990	6,11	2,74	37,49	50,24	19,47
1991	7,17	3,80	36,10	48,29	17,75

Fonte: Ver Tabela 3.

Tabela 5 – Uruguai   % Produto Interno Bruto

Ano	M-1	Depósito à vista	Quase-moeda	Crédito ao setor privado	FBCF
1961	16,90	4,96	11,66	29,83	15,61
1965	20,02	5,26	15,31	34,44	10,86
1970	14,60	2,90	6,96	13,86	11,40
1974	12,89	3,83	7,37	18,50	10,23
1975	10,21	5,99	9,83	19,54	13,35
1978	11,60	5,55	25,06	28,06	15,98
1979	10,69	5,82	25,82	33,16	16,16
1980	9,85	5,13	29,66	37,24	16,73
1981	8,03	3,58	36,26	39,37	15,68
1982	10,64	4,23	45,66	71,52	15,06
1983	8,51	3,55	38,16	57,96	13,68
1984	8,17	3,65	40,85	52,85	10,92
1989	8,09	3,27	50,68	40,22	12,38
1990	8,00	3,62	54,48	36,66	12,32

Fonte: Ver Tabela 3.

quase-moedas tendem a arrebatar crescentemente a riqueza financeira, inclusive daqueles agentes cuja estrutura de recursos comportaria aplicações de risco ou a prazos mais extensos. Tudo isto dificulta em muito a restauração de outras dimensões dos mercados financeiros e a recuperação dos padrões de avaliação e risco da posse dos diferentes tipos de ativos.[8] Como o risco de perda patrimonial, por movimentos imprevistos nos preços, nas taxas de juros e de câmbio, desaconselha as aplicações de médio e longo prazo, os ativos financeiros indexados tendem, então, a concentrar as decisões quanto à posse da riqueza, determinando o desvio de recursos do investimento e da produção.

Enfim, ocorre um deslocamento praticamente total da demanda por moeda – para transações, precaução ou especulação – para a moeda indexada de curtíssimo prazo como mecanismo de proteção e liquidez. Preservar a liquidez para antecipar possíveis alterações no quadro financeiro é a estratégia básica dos agentes, pois a formação de posições com retorno a longo prazo pode causar perdas irreversíveis, devido à instabilidade da economia. Neste contexto, as quase-moedas, sobretudo na forma da "moeda indexada", passam a constituir a única forma de proteção do valor da riqueza financeira, tornando praticamente impossível a livre movimentação tanto do *finance* quanto do *funding* pelos bancos e demais instituições financeiras. Aliás, estas últimas tampouco se expandem.

Em princípio, o *finance* poderia ser alavancado a partir da liquidez financeira acumulada nas aplicações indexadas. Isso não ocorre porque, devido ao elevado grau de incerteza, a preferência pela liquidez permanece quase absoluta.[9] E o *funding* inexiste, porque é difícil de se prever o rendimento esperado em períodos mais longos. Portanto não se desenvolvem mecanismos institucionais capazes de promover o deslocamento destes saldos monetários – liquidez financeira – para a circulação industrial ou produtiva, através das forças de mercado, e muito menos pela simples desregulamentação dos mercados financeiros. A moeda inativa (financeira) não se transforma em meio de financiamento e instrumento de circulação da renda. Neste contexto, as políticas seletivas de crédito correspondem a arranjos institucionais criados exatamente para cobrir a inexistência de fontes privadas de financiamento de médio e longo prazo. Em síntese, a volatilidade dos sistemas financeiros das economias em desenvolvimento revela, mais uma vez, que o problema é menos de carência de poupança e mais de inexistência de mecanismos seletivos e confiáveis de direcionamento dos recursos financeiros. Assim, distintamente da prescrição feita inicialmente pela teoria da repressão financeira, acreditamos que, "quando a inflação é alta, taxas de juros reais precisam ser aumentadas, mas não através dos seus valores nominais e sim reduzindo a inflação" (Akyuz & Kotte, 1991: 6). Isto implica afirmar que a convenção de preços estáveis necessária para manter o sistema de contratos monetários depende do combate à inflação não através da política monetária (elevação da taxa de juros), mas sim no âmbito da formação dos preços pelos produtores.

2. A experiência de liberalização financeira dos países do Cone Sul (1973-1984)

As políticas prescritas pela teoria da repressão financeira de redução das taxas de encaixe bancário, de supressão dos controles cambiais, das barreiras institucionais à entrada de novas instituições financeiras (nacionais e internacionais)[10] e da supervisão bancária, bem como de erradicação dos tetos sobre as taxas de juros e dos mecanismos seletivos de crédito, em um contexto de elevada instabilidade macroeconômica como a presente nos países do Cone Sul, contribuíram para acelerar o caráter especulativo dos mercados financeiros (público e privado) e sua tendência a operar predominantemente no curto prazo (ver Tabela 6). O florescimento da intermediação financeira privada no Cone Sul, mesmo nos momentos áureos do processo de liberalização, foi limitado aos depósitos e empréstimos de menos de seis meses de maturação. A Argentina representa o caso-limite, pois, quando se iniciou a crise de 1980, aproximadamente 90% do total dos depósitos do sistema se concentravam em vencimentos que não superavam 30 dias (Feldman & Sommer, 1986). Simultaneamente, estas políticas provocaram a destruição das intermediações de longo prazo preexistentes mantidas pelos governos através de instituições públicas de financiamento e que mobilizavam recursos domésticos, inclusive via sistema tributário (Pascale, 1983).

Ademais, o abandono da regulação da taxa de juros, do contingenciamento do crédito e a abolição dos controles de câmbio como instrumentos de política econômica acarretaram uma grande volatilidade das taxas de juros e de câmbio (ver Tabela 7). A taxa de juros real foi instável durante todo o período, inclusive assumindo valores negativos devido à magnitude do "atraso cambial". Proveniente este da utilização da prefixação cambial como política antiinflacionária baseada no "enfoque monetário do balanço de pagamentos" que ocasionou uma forte sobrevalorização cambial.[11] Apesar dos déficits comerciais crescentes, o atraso do câmbio se converteu em uma peça fundamental do processo de absorção de liquidez internacional. Os três países ficaram sujeitos ao ingresso de capitais de curto prazo, que obtiveram alta rentabilidade no sistema financeiro pelo duplo mecanismo de taxas de juros reais positivas muito elevadas e por um deslocamento da taxa de câmbio abaixo do movimento interno de preços.

Entretanto, a deterioração das expectativas dos agentes econômicos com relação à possibilidade de se manter a longo prazo um modelo baseado no "atraso cambial" e em taxas de juros fortemente positivas em termos reais terminaram por provocar a saída dos capitais externos que haviam sido introduzidos pelo setor privado para aproveitar o subsídio financeiro implícito no atraso cambial (ver Tabelas 8 e 9).[12] Ou seja, a integração aos fluxos internacionais de capitais se revelou extremamente frágil, visto que a oferta de crédito internacional não é infinitamente elástica e depende do nível de endividamento da economia e do estado de confiança dos agentes privados.[13]

Tabela 6 – Indicadores macroeconômicos do Cone Sul

	Substituição de importações			Pré-reforma	Reforma Fase I	Reforma Fase II	Crise pós-reforma
	1941-50	1951-60	1961-70	1965-70	1971-73	1974-76	1977-78	1979-81	1982-83

	1941-50	1951-60	1961-70	1965-70	1971-73	1974-76	1977-78	1979-81	1982-83
CHILE									
Crescimento médio anual (%)									
PIB	4,0	4,4	4,5	4,1	1,3	-1,8	7,8	6,9	-7,4
Exportações (US$)	11,6	3,4	9,4	11,8	9,9	23,5	7,9	20,4	-0,1
Importações (US$)	12,3	8,8	6,5	8,1	5,6	22,3	35,2	28,7	-30,2
Investimento bruto	–	41,8	1,7	5,3	-9,8	-7,8	16,7	17,8	-26,6
IPC	–	37,6	27,2	23,3	149,7	358,0	79,0	30,2	11,7
Nível médio									
Déficit fiscal/PIB	–	–	1,6	2,1	16,1	5,1	1,3	-2,1	3,1
Desemprego (%)	–	–	–	6,0	4,6	14,2	13,6	12,2	22,2
Salário real (1969=100)	–	–	–	98,0	98,0	69,0	82,0	100,0	82,0
Investimento bruto/PIB	–	10,0	15,4	14,4	12,1	16,0	14,0	16,7	13,3
Termos de troca (1968=100)	63,3	73,4	89,4	101,4	92,7	79,0	60,3	56,1	42,5
Conta corrente/PIB	–	1,1	2,4	1,4	2,9	2,6	5,6	9,1	7,4
URUGUAI									
Crescimento médio anual (%)									
PIB	4,0	0,04	1,6	2,1	-0,4	4,3	3,2	4,7	-7,2
Exportações (US$)	16,5	-3,7	6,5	3,9	16,8	21,4	10,2	21,8	-2,9
Importações (US$)	16,3	5,7	1,9	3,9	8,7	30,2	14,0	32,1	-30,7
Investimento bruto	–	5,8	-1,5	7,3	-10,8	25,0	10,5	6,9	-24,8
Preços ao consumidor	–	23,2	47,9	49,8	62,7	69,2	51,3	54,0	33,3

Continua

Continuação Tabela 6

	1941-50	1951-60	1961-70	1965-70	1971-73	1974-76	1977-78	1979-81	1982-83
URUGUAI									
Nível médio									
Déficit fiscal/PIB	–	–	–	1,9	3,2	3,8	1,9	0,0	6,4
Desemprego (%)	–	–	–	8,2	8,1	9,7	12,4	8,4	13,7
Salário real (1969=100)	–	–	–	104,0	102,0	86,0	70,0	64,0	54,0
Investimento bruto/PIB	–	13,0	12,2	11,3	10,1	13,0	15,6	16,1	13,5
Termos de troca (1968=100)	114,5	115,6	109,5	107,2	134,9	76,0	90,7	89,0	80,3
Conta corrente/PIB	–	–	3,05	0,1	-0,5	3,4	3,2	5,4	0,7

	1941-50	1951-60	1961-70	1965-73	1973-75	1976-78		1979-80	1981-83
ARGENTINA									
Crescimento médio anual (%)									
PIB	2,5	3,5	4,4	4,2	2,9	0,8		0,9	-3,0
Exportações (US$)	13,0	2,2	5,7	11,5	21,3	29,9		2,7	-33,5
Importações (US$)	20,1	5,6	4,3	9,0	29,6	2,1		55,8	-15,6
Investimento bruto	–	13,5	30,6	2,6	7,6	-1,1		-4,0	-3,0
Preços ao consumidor	15,3	30,5	21,5	29,9	138,7	225,5		100,8	188,5
Nível médio									
Déficit fiscal/PIB	5,9	6,0	4,4	3,7	10,1	11,6		10,1	17,8
Desemprego (%)	–	–	–	5,7	2,4	3,4		2,2	4,7
Salário real (1969=100)	–	–	–	125,0	154,0	100,0		118,0	111,0
Investimento bruto/PIB	–	22,5	18,8	19,1	21,4	26,4		22,8	17,2
Termos de troca (1968=100)	124,6	100,8	103,0	120,1	133,4	89,0		86,5	84,0
Conta corrente/PIB	–	1,9	-0,5	0,2	1,5	-2,1		1,8	1,8

Fonte: CORBO, V. & MELO, J. de: "Lessons from the Southern Cone policy reforms", *The World Bank Research Observer*, vol. 2, n° 2, Washington, 1987.

Tabela 7 – Taxas de juros, câmbio e inflação anuais (%) – Dados em fim de período

País e ano	Taxa de empréstimos			Taxa de depósitos		Taxa do devedor interno		Taxa do credor externo	Desvalorização cambial	IPC (c)
	Nominal	Real (a)	Real (b)	Nominal	Real (a)	Índice (A)	Índice (B)	Índice (C)		
Chile										
1975(d)	331,7	-40,8	-45,7	303,5	-44,9	-31,1	-35,0	132,2	–	–
1975(e)	498,3	127,1	84,0	234,5	25,2	11,4	-0,8	96,8	490,3	379,2
1976	250,7	17,7	39,4	197,9	0,0	-27,4	-14,0	45,4	165,8	232,8
1977	156,3	39,1	55,3	93,7	5,2	-7,6	3,1	20,7	64,9	113,8
1978	85,3	35,1	33,4	62,8	18,7	-4,0	-5,0	34,1	47,0	50,0
1979	62,0	16,6	2,3	45,0	4,4	-7,4	-18,7	26,2	17,7	33,4
1980	46,9	12,0	14,7	37,4	4,7	-12,8	-10,7	37,4	4,7	35,1
1981	51,9	38,7	58,1	40,8	28,6	6,4	21,2	40,8	0,0	19,7
1982	63,1	35,1	16,8	47,8	22,5	77,0	53,1	-21,5	30,5	9,9
1983	42,7	15,9	14,0	27,9	3,9	6,3	4,5	7,3	54,9	27,3
Uruguai										
1977	65,7	5,3	14,4	38,3	-12,1	-8,8	-1,0	2,2	39,9	58,2
1978	73,9	19,1	9,0	47,2	0,8	-2,9	-11,2	12,9	28,9	44,5
1979	65,5	-9,6	-6,5	43,4	-21,7	-26,6	-24,1	19,5	29,3	66,8
1980	66,6	16,7	29,5	50,1	5,1	-5,2	5,3	26,8	15,7	63,5
1981	60,4	23,9	39,6	46,1	12,8	4,2	17,3	26,3	18,7	34,0
1982	61,5	34,0	21,0	53,3	27,2	174,1	147,4	-30,0	36,2	19,0
1983	94,4	28,3	11,9	70,1	12,3	-7,2	-19,1	32,8	148,3	51,5

Continua

Continuação Tabela 7

País e ano	Taxa de empréstimos			Taxa de depósitos		Taxa do devedor interno		Taxa do credor externo	Desvalo- rização cambial	IPC (c)
	Nominal	Real (a)	Real (b)	Nominal	Real (a)	Índice (A)	Índice (B)	Índice (C)		
Argentina										
1977(d)	79,2	-23,3	-22,1	60,5	-31,3	135,9	139,6	-69,1	—	—
1977(e)	236,4	15,9	26,7	171,9	-6,3	-14,5	-6,5	16,1	191,1	176,1
1978	172,4	0,9	11,9	130,4	-14,6	-32,3	-25,0	37,2	95,2	175,5
1979	134,6	-2,2	2,6	117,1	-9,4	-24,7	-21,1	34,6	65,5	159,5
1980	98,3	5,7	25,9	79,4	-4,4	-25,0	-10,6	45,7	39,5	100,8
1981	175,9	19,3	-1,5	152,8	9,3	83,2	51,2	-30,5	175,0	104,5
1982	213,5	11,4	-13,5	148,8	-19,7	145,4	84,8	-62,9	360,3	164,8
1983	—	—	—	272,6	-30,2	-1,4	2,9	-22,2	350,2	343,8

Fonte: RAMOS, J., "Neoconservative economics in the Southern Cone of Latin America, 1973-1983". The Johns Hopkins University Press, 1986, p. 154.

Notas: (a) Deflacionado pelo índice de Preços ao Consumidor; (b) Deflacionado pelo índice de Preços do Atacado; (c) Índice de Preços ao Consumidor; (d) Primeiro semestre (antes da liberalização das taxas de juros); (e) Segundo semestre (após a liberalização das taxas de juros).

Índice A = [(1 + Libor)(1 + desvalorização cambial nominal)/(1 + índice de preços ao consumidor)-1; Índice B = [(1 + Libor)(1 + desvalorização cambial nominal)/(1 + índice de preços ao atacado)-1; Índice C = [(1 + taxa de depósitos nominais)/(1 + desvalorização cambial nominal)]-1.

Tabela 8 – Balanço de pagamentos – US$ milhões

Ano	ARGENTINA					CHILE					URUGUAI				
	Balança comer-cial	Conta corrente	Invest. direto	Invest. portfólio	Reservas	Balança comer-cial	Conta corrente	Invest. direto	Invest. portfólio	Reservas	Balança comer-cial	Conta corrente	Invest. direto	Invest. portfólio	Reservas
1970	274	(163)	11	(84)	(76)	246	(91)	(79)	(10)	(86)	21	(45)	–	(1)	39
1973	1.289	711	10	(161)	(842)	(13)	(279)	(5)	(7)	367	79	37	–	1	27
1974	714	118	10	(119)	(75)	250	(292)	(557)	(8)	656	(52)	(118)	–	11	67
1975	(549)	(1.287)	–	(56)	1.406	70	(490)	50	(6)	605	(109)	(190)	–	110	120
1976	1.153	651	–	(66)	122	643	148	(1)	(6)	(411)	28	(74)	–	33	(73)
1978	2.913	1.856	273	101	(1.794)	(426)	(1.088)	177	–	(730)	(24)	(127)	129	(9)	(138)
1979	1.782	(513)	265	222	(3.973)	(355)	(1.189)	233	50	(952)	(378)	(357)	216	(31)	(74)
1980	(1.373)	(4.774)	788	154	2.884	(764)	(1.971)	213	(43)	(1.245)	(610)	(709)	290	(7)	(118)
1981	712	(4.712)	944	1.125	3.640	(2.677)	(4.733)	383	(21)	(67)	(362)	(461)	49	3	(34)
1982	2.764	(2.353)	257	299	4.688	63	(2.304)	401	(17)	1.358	218	(235)	(14)	(7)	416
1983	3.716	(2.436)	183	649	5.123	986	(1.117)	135	(3)	4.285	417	(60)	6	(16)	66
1984	3.982	(2.495)	268	372	2.487	362	(2.111)	78	(11)	2.075	192	(129)	3	19	84
1985	4.878	(952)	919	(617)	627	884	(1.413)	114	28	2.610	178	(120)	(8)	97	(66)
1989	5.709	(1.305)	1.028	(1.098)	9.562	1.578	(767)	184	1.398	(427)	463	155	–	50	(87)
1990	8.628	1.903	2.008	(1.614)	(190)	1.273	(824)	249	766	(2.335)	426	236	–	18	(265)
1991	4.691	(2.500)	2.439	(199)	1.966	1.575	92	576	77	(1.224)	61	105	–	109	(73)

Fonte: IMF, *International Financial Statistics*, Yearbook, 1992.

Tabela 9 – Relações externas líquidas do setor privado – US$ milhões

Ano	ARGENTINA				CHILE				URUGUAI			
	Invest. direto	Invest. portfólio	Crédito de exportação	Total	Invest. direto	Invest. portfólio	Crédito de exportação	Total	Invest. direto	Invest. portfólio	Crédito de exportação	Total
1976	242,8	61,6	79,0	383,4	4,9	-11,3	15,2	8,7	3,3	4,0	9,6	16,9
1977	159,0	-7,6	100,6	252,1	-44,9	-98,1	-43,1	-186,1	2,4	-2,8	7,4	6,9
1978	310,1	561,1	160,6	1031,7	25,8	139,8	-21,6	144,0	2,1	8,8	-2,3	8,6
1979	666,8	1223,7	16,6	1907,1	138,7	333,9	-42,1	430,5	3,4	10,8	29,3	43,5
1980	935,5	1153,6	552,7	2641,7	91,9	352,1	8,7	452,8	6,5	14,3	38,7	59,6
1981	580,1	1702,6	29,3	2312,0	352,3	1075,0	71,2	1498,4	13,7	5,5	29,6	48,9
1982	378,9	891,0	-22,4	1247,5	14,8	1002,7	38,5	1056,0	0,7	152,1	1,5	154,3
1983	104,7	204,8	-130,1	179,4	25,3	453,6	26,1	505,0	17,4	365,9	-11,2	372,1
1984	94,3	610,1	31,0	735,4	-16,0	1814,6	70,7	1869,3	1,4	211,9	-11,4	201,9
1985	171,9	1554,6	-95,9	1630,6	106,3	-553,9	93,7	-353,8	0,5	-152,0	-7,0	-158,5
1989	115,5	-2409,0	-37,9	-2331,3	343,7	-927,8	63,6	-520,6	37,7	226,6	15,1	279,5

Fonte: OECD, *Geographical Distribution of Financial Flows*, Edições 1976/1979, 1979/1982, 1981/1984, 1985/1988, 1986/1989.

As flutuações das taxas de juros, interna e externa, e a sobrevalorização cambial induziu à preferência quase absoluta pela liquidez, isto é, um movimento na direção de ativos de curto prazo e elevada liquidez, excluindo grande parte dos investimentos em ativos fixos de longo prazo responsáveis, em última instância, pelo crescimento da produção e do nível de emprego. Noutras palavras, desorganizaram-se os padrões de avaliação e risco das decisões empresariais, o que provocou a paralisia relativa dos agentes que comandam o investimento. Isto equivale a dizer, na linguagem keynesiana, que a incerteza em relação ao futuro tornou impraticável o cálculo da eficiência marginal do capital, predominando o caráter especulativo e "financeiro" da riqueza (ver Tabelas 10 e 11). Nos três países, a taxa de investimento flutua em torno de uma média histórica.

Tabela 10 – Relação entre os empréstimos e os ativos bancários totais (%)

	1980	1981	1982	1983	1984	1986	1987
Argentina	76,3	60,2	42,7	40,2	39,2	49,2	40,2
Chile	84,0	63,7	63,4	47,6	38,7	31,2	34,7
Uruguai	65,6	58,0	66,1	62,1	56,7	49,5	59,7

Fonte: World Bank, *World Bank Discussion Papers*, nº 81, Washington.

Além disso, a política de Estado mínimo, pouco predisposta a enunciar e promover objetivos de desenvolvimento e assegurar a estabilidade de certos preços revelantes (câmbio, juros, matérias-primas etc.) foi incapaz de construir uma visão consistente de futuro, que delineasse trajetórias de longo prazo aos tomadores de decisões econômicas.

Enfim, devido à volatilidade das taxas de juros, de câmbio e na ausência de fronteiras de acumulação, organizadas na forma de um "projeto de desenvolvimento nacional", sancionadas pelo Estado e inseridas nos movimentos internacionais de capitais, o horizonte de crescimento a longo prazo teve sua base de avaliação e antecipação presumível totalmente minada.

Tabela 11 – Indicadores de inflação, crescimento e poupança

Ano	ÍNDICE DE PREÇOS AO CONSUMIDOR Variação sobre ano anterior			CRESCIMENTO REAL DO PIB Variação sobre ano anterior			INVESTIMENTO INTERNO BRUTO Em porcentagem do PIB			POUPANÇA INTERNA BRUTA Em porcentagem do PIB		
	Argentina	Chile	Uruguai	Argentina	Chile	Uruguai	Argentina	Chile	Uruguai	Argentina	Chile	Uruguai
1970	13,6	32,5	16,3	5,2	2,0	6,0	21,6	16,5	11,5	21,6	17,1	10,1
1973	61,2	361,5	97,0	3,6	-5,5	0,3	18,0	7,9	12,6	20,8	6,1	13,8
1974	23,5	504,7	77,2	5,5	0,8	3,1	19,3	21,2	11,5	20,4	21,8	8,9
1975	182,9	374,7	81,4	-0,5	-13,2	6,0	25,9	13,1	13,5	25,5	11,1	9,9
1976	444,0	211,8	50,6	-0,2	3,6	4,0	26,8	12,8	14,8	31,2	17,1	14,1
1977	176,0	91,9	58,2	6,5	9,8	1,3	27,2	14,4	15,2	30,3	12,6	12,3
1978	175,5	40,1	44,5	-3,4	8,4	5,4	24,4	17,8	16,0	28,3	14,5	13,5
1979	159,5	33,4	66,8	7,2	8,3	6,2	22,7	17,8	17,3	23,0	15,0	12,8
1980	100,8	35,1	63,5	1,9	7,8	5,9	22,2	21,0	17,3	20,0	16,8	11,7
1981	104,5	19,7	34,0	-6,9	5,6	1,8	18,8	22,7	15,4	18,3	12,4	11,4
1982	164,8	9,9	19,0	-5,5	-14,2	-9,5	15,9	11,3	14,4	19,1	9,4	11,3
1983	343,8	27,3	49,2	2,9	-0,7	-6,0	17,3	9,8	10,0	22,1	12,5	11,6
1984	626,7	19,9	55,3	2,5	6,3	-1,4	11,3	13,6	9,9	15,5	12,6	14,0
1985	672,1	30,7	72,2	-4,4	2,4	0,1	8,5	13,7	8,2	15,2	16,5	12,1
1989	3079,8	17,0	80,4	-3,8	9,9	1,3	12,0	20,4	9,2	19,0	23,7	15,1

Fonte: IPC – IMF, *International Financial Statistics*, Yearbook, 1990. Outros indicadores: World Bank, *World Debt Tables*, 1989-90 e 1991.

Neste sentido, podemos inferir que a política monetária e financeira de elevação da taxa de juros e de abertura aos fluxos de capitais externos elevou a taxa de poupança global da economia (Poupança Interna Bruta, ver Tabelas 12, 13 e 14). Entretanto este aumento não se direcionou ao investimento, pois a absorção de "poupança externa" foi contra-restada pela substancial ampliação das saídas líquidas de serviços de capitais e pela deterioração das relações de troca. Quanto à "poupança financeira interna", é indiscutível que, perante a desvalorização da moeda, qualquer agente econômico com disponibilidade de saldos monetários os aplique em ativos financeiros que lhes forneçam proteção. Esta acumulação financeira, no entanto, exprime mais a desagregação do sistema de financiamento da economia, que de resto se revela também na aceleração inflacionária. Este movimento se evidencia ainda mais perverso quando se apreende que, nas situações de elevada incerteza, mesmo a "poupança potencial" – os lucros retidos das empresas – tende a ser esterilizada em operações especulativas de valorização financeira ou patrimonial.

Todos os efeitos enumerados acima – o encurtamento dos prazos, a redução dos instrumentos financeiros de longo prazo disponíveis, a volatilidade dos capitais internacionais, a desregulação estatal etc. – magnificaram a instabilidade dos sistemas financeiros privados. O resultado foi uma crise de sobreendividamento que provocou o desaparecimento de 300 instituições financeiras na Argentina (de 724 para 424, entre 1977 e 1982), sendo 103 casos sob a forma de liquidações. O restante está associado a movimentos de fusão e absorção de entidades pequenas e médias por outras maiores.

No Uruguai, a crise determinou a extinção dos bancos privados nacionais. As instituições financeiras estrangeiras têm se empenhado em reduzir sua exposição local e intensificar as atividades *off-shore* (empréstimos a não residentes), uma vez que se mantiveram irrestritas as condições de liberdade cambial. Assim, a contribuição dos bancos privados estrangeiros ao desenvolvimento do mercado financeiro torna-se cada

Tabela 12 – Argentina: Financiamento do investimento interno bruto (em porcentagem do PIB)

	1982	1983	1984	1985	1986	1987	1988	1989
Investimento interno bruto	15,9	13,9	12,1	10,1	11,2	12,8	11,8	8,5
– Construção	–	10,5	8,5	8,1	8,2	9,1	8,0	5,9
– Máquinas e equipamentos	–	3,5	3,9	3,4	3,6	4,0	3,3	2,8
– Variação de estoques	–	-0,1	-0,3	-1,4	-0,6	-0,3	0,4	-0,1
Poupança interna bruta	24,2	23,6	19,6	22,7	19,4	19,9	23,2	22,7
– Ingressos líquidos dos serviços de fatores	-6,7	-7,8	-8,2	-7,5	-5,9	-5,2	-5,6	-6,9
– Efeito das relações de troca	-4,7	-5,1	-2,7	-6,3	-5,8	-6,5	-7,5	-8,6
Poupança nacional bruta	12,8	10,7	8,7	8,8	7,7	8,2	10,1	7,2
Poupança externa	3,1	3,2	3,3	1,3	3,5	4,6	1,7	1,3

Fonte: CEPAL, Estudio Económico de América Latina y el Caribe, vários números.

Tabela 13 – Chile: Financiamento do investimento interno bruto (em porcentagem do PIB)

	1977	1978	1979	1980	1981	1982	1983	1984	1985	1988
Investimento interno bruto	12,5	14,4	17,2	21,0	24,3	9,7	8,0	13,3	12,1	15,9
– Construção	7,4	7,8	8,6	9,8	10,8	9,2	8,7	8,6	9,7	10,2
– Máquinas e equipamentos	5,0	5,7	6,1	6,9	7,6	4,8	3,3	3,8	4,2	5,8
– Variação de estoques	0,1	0,8	2,5	4,3	5,9	-4,3	-4,0	1,0	-1,7	-0,1
Poupança interna bruta	13,4	10,9	15,2	16,9	14,2	14,0	16,3	19,3	23,5	24,6
– Ingressos líquidos dos serviços de fatores	-2,0	-3,2	-3,3	-4,0	-5,8	-8,6	-8,2	-8,7	-8,4	-6,3
– Efeito das relações de troca	2,7	-0,9	-0,9	–	-1,7	-5,9	-5,6	-6,5	-9,1	-3,5
Poupança nacional bruta	8,7	7,3	11,4	13,2	6,8	-0,4	2,8	4,3	6,3	15,0
Poupança externa	3,8	7,1	5,8	7,8	17,5	10,1	5,3	9,0	5,8	0,9

Fonte: CEPAL, *Estudio Económico de América Latina y el Caribe*, vários números.

Tabela 14 – Uruguai: Financiamento do investimento interno bruto (em porcentagem do PIB)

	1975	1976	1977	1978	1979	1980	1981	1982	1983	1984	1985	1986
Investimento interno bruto	10,9	12,7	14,8	16,0	18,7	18,5	16,6	14,2	9,6	9,9	8,0	9,2
Poupança interna bruta	6,8	11,3	12,9	13,7	13,5	12,6	11,6	13,5	17,2	18,4	18,6	13,6
– Ingressos líquidos dos serviços de fatores	-1,7	-1,7	-1,4	-1,5	-0,9	-1,1	-0,8	-3,3	-5,4	-6,7	-6,4	-4,9
– Efeito das relações de troca	0,7	1,0	-0,7	–	0,3	-0,4	0,2	-0,1	-3,6	-4,4	-6,6	2,7
Poupança nacional bruta	5,8	10,6	10,8	12,2	12,9	11,1	11,0	10,1	8,2	7,3	5,6	10,4
Poupança externa	5,1	2,1	4,0	5,8	5,8	7,4	5,6	4,0	1,3	2,6	2,4	-0,2

Fonte: CEPAL, Estudio Económico de América Latina y el Caribe, vários números.

vez mais limitada. A contrapartida deste processo é o incremento da participação do BROU (Banco da República, banco comercial do Estado) no fornecimento do crédito ao setor privado e na captação de recursos (Antía, 1986, e Noya, 1988). Além disso, o resultado da eliminação do curso forçado do peso foi um substancial aumento do grau de dolarização – avanço dos ativos denominados em moeda estrangeira – da economia uruguaia: "o abandono da moeda nacional por parte dos detentores de ativos financeiros aparece como um comportamento que funda suas raízes na história inflacionária de nossa economia, viabilizado pela absoluta liberdade existente para constituir ativos em moeda estrangeira e que parece de difícil reversão" (Antía, 1988: 684). Em 1987, os depósitos em moeda estrangeira representavam 71% dos haveres monetários e não monetários; os depósitos à vista, 5%; e os depósitos a prazo em moeda nacional, 16% (ver Tabela 15).

Tabela 15 – Uruguai: Indicadores monetários (em porcentagem)

	M-1 (1)=(2)+(3)	Em poder do público (2)	Em conta corrente (3)	Dep. a prazo moeda nacional (4)	M-2 (5)=(1)+(4)	Dep. em moeda externa (6)	M-3 (7)=(5)+(6)
1975	56	31	25	25	81	19	100
1976	41	25	16	28	69	31	100
1977	32	19	12	23	54	46	100
1978	28	16	12	30	58	42	100
1979	27	15	12	36	63	37	100
1980	24	14	10	41	65	35	100
1981	18	12	7	35	54	46	100
1982	13	9	4	22	35	65	100
1983	12	8	4	24	36	64	100
1984	13	8	5	21	34	66	100
1985	13	8	5	20	33	67	100
1986	13	8	5	17	31	69	100
1987	13	9	5	16	29	71	100

Fonte: CEPAL, Estudio Económico de América Latina y el Caribe, vários números.

No Chile, em 1983, os setores financeiros encontravam-se numa situação caracterizada por falência generalizada, grande número de intervenções governamentais ou nacionalização de instituições privadas (Arellano, 1983, e Ffrench-Davis & Arellano, 1981). Porém a manutenção de uma taxa de inflação em um patamar abaixo do padrão histórico latino-americano, juntamente com a instituição dos fundos de pensão e aposentadoria privada em 1981, vem restaurando lentamente a capacidade de os sistemas financeiros alongarem seus prazos. As aplicações com maturidade superior a um ano representavam 13% dos haveres financeiros em 1987. Paralelamente, os depósitos sem cláusula de indexação desapareceram no mesmo ano (ver Tabela 16).

Em resumo, os sistemas financeiros tornaram-se frágeis e centralizados, e o Banco Central converteu-se em emprestador de última instância, transformando-se no principal credor doméstico. A tradicional incapacidade do sistema financeiro de prover crédito de longo prazo requer novas instituições e novos instrumentos de captação.

3. *A teoria da repressão financeira e a expansão dos investimentos*

As experiências dos países do Cone Sul, no período 1973/1984, descrita sinteticamente acima, com destaque para as relações entre o sistema financeiro e o crescimento econômico, nos permitem refutar o axioma da teoria da repressão financeira de que bastaria a liberalização de toda a economia para que os mecanismos gerais de preços determinassem a alocação ótima dos recursos:

> o modesto investimento ocorrido terá maiores chances de ser socialmente eficiente; o alto custo do endividamento interno e a competição internacional no mercado de bens descartam os investimentos subsidiados que não sejam socialmente lucrativos – ao contrário do período de substituição de importações (McKinnon, 1991: 101).

Tabela 16 – Chile: Indicadores monetários (em porcentagem)

	1978	1979	1980	1981	1982	1983	1984	1985	1987
1. Moeda (M-1)	36	33	28	21	18	21	18	16	15
2. Quase-moeda	64	67	72	79	82	79	82	84	85
Depósitos a prazo	48	49	52	63	67	57	62	62	65
De 30 a 89 dias	40	34	32	53	54	28	28	27	24
De 90 a 365 dias	5	10	14	3	7	17	23	26	27
Reajustáveis	1	4	10	1	6	16	21	25	27
Não reajustáveis	5	6	3	3	1	1	2	1	0
Mais de um ano	1	1	7	7	6	12	10	9	13
Depósitos de poupança	11	12	15	11	12	17	18	18	20
3. Total (1+2)	100	100	100	100	100	100	100	100	100

Fonte: Cepal, *Estudio Económico de América Latina y el Caribe*, vários números.
Notas: (a) Inclui obrigações do Departamento de Poupança e Inversão; (b) Inclui outros depósitos a menos de 30 dias.

Inversamente, defendemos a hipótese de que as economias do Cone Sul se tornaram definitivamente instáveis ou "violentamente instáveis", quando as instituições, os contratos, as regras de jogo admitidas, se debilitaram e, portanto, sinalizaram uma incerteza generalizada, impossibilitando qualquer antecipação de trajetória, pois romperam-se todas as "convenções" que formavam as expectativas dos agentes econômicos.[14]

A forma súbita e radical de muitas intervenções com amplos efeitos em variáveis importantes combinada a um discurso de desregulamentação total da economia implicou uma profunda instabilidade de preços, câmbio, juros, salários e dos mercados financeiros. Neste contexto de incerteza e mudança institucional, o comportamento dos agentes econômicos se tornou ainda mais volátil. O que importava era o efeito (pressuposto) das últimas medidas governamentais sobre o comportamento dos agentes e a próxima atitude a ser tomada (mais uma vez presumida) pelas autoridades, revelando uma incapacidade de articular uma interação dos interesses público e privado.

O processo de abertura e liberalização financeira, na verdade, foi agravando a "fragilidade financeira" destas economias – desconfiança nas pautas cambiais, no grau de exposição da produção doméstica à concorrência internacional, na deterioração do sistema financeiro etc. – até conduzir à "violenta instabilidade" de 1982-83, quando naufragou o primeiro ensaio das políticas neoliberais de reestruturação e estabilização econômica. Inerentemente instabilizador, o mercado por si só inviabiliza qualquer processo de reordenação produtiva.

Enfim, descontadas as oscilações, o sentido mais geral destas experiências neoliberais pode ser apreendido como uma crescente trajetória na direção à instabilidade e à vulnerabilidade financeira, associada ao consumo dos setores de alta renda, à especulação e à fuga de capitais (ver Tabela 17) e em muito menor grau aos investimentos. Obviamente que esse "padrão de crescimento" só perdurou enquanto a frívola reciclagem de petrodólares pelos bancos privados permitiu substituir a precária base industrial precedente por uma ainda mais irracional importação de "modernização de aparência" (Fajnzylber, 1986).

Tabela 17 – Depósitos registrados em bancos estrangeiros de residentes latino-americanos – US$ bilhões

	1981	1982	1983	1984	1986	1987	1989	1990	1991
Argentina	3,78	7,21	7,80	7,62	8,50	9,73	14,54	17,02	16,91
Chile	0,98	1,78	2,37	2,11	2,59	2,65	4,06	6,94	6,48
Uruguai	0,81	1,43	1,78	1,92	2,51	2,61	3,71	4,20	4,14

Fonte: IMF, International Financial Statistics, Yearbook, 1992, Quadro "Cross-border bank deposits of nonbanks by residence of depositor".

Notas

1 Enfim, "a moeda, considerada em seus atributos mais significativos, é sobretudo *um processo sutil de ligar o presente ao futuro*, e sem ela nem sequer poderíamos iniciar o estudo dos efeitos das expectativas mutáveis sobre as atividades correntes" (Keynes, 1936: 204, grifos nossos). Ver, também, Aglietta & Orlean (1990).

2 Carvalho (1992: 209): "ao corroer o poder de compra da moeda, a inflação faz com que seu valor como unidade de conta se torne imprevisível, criando ganhos ou perdas inesperados."

3 Mesmo com um sistema geral de indexação que viabilize os contratos a prazo, em uma economia inflacionária, não se eliminam todos os riscos. Diante da desvalorização da moeda, permanece o risco de i) que os índices fixados pelo governo não acompanhem o índice de inflação, implicando uma redução dos prazos dos contratos, como mecanismo de proteção; ii) que o preço/rendimento dos ativos não acompanhe o índice arbitrado, este é tanto maior quanto maior a inflação, quando se amplia a possibilidade de dispersão de preços e rendimentos (Cf. Belluzzo & Almeida, 1992: 25-31).

4 É evidente que a rigidez institucional, particularmente os tetos às taxas de juros, num contexto de aceleração inflacionária, inibe a criação e diversificação de instrumentos de mobilização financeira e títulos de dívida. Todavia o que queremos destacar é que isto não decorre exclusivamente da intervenção estatal. Geralmente, esta ocorre porque aqueles não funcionam, portanto o sentido da causalidade tem de ser invertido.

5 Cf. Kaldor (1956: 541): "uma impressão geral é que os obstáculos a um adequado desenvolvimento não são naturais, técnicos ou econômicos, mas essencialmente políticos." Ou seja, a mobilização de recursos para potencializar o desenvolvimento econômico da América Latina dependeria de mudanças sociais e políticas, capazes de alterar as estruturas de propriedade, renda e consumo. Nas palavras de Furtado (1992): "para escapar deste estilo de desenvolvimento seria necessário [...]

congelar importantes segmentos da demanda de bens finais de consumo e intensificar consideravelmente a acumulação no sistema produtivo. Vale dizer, pôr em andamento um processo político que, pela magnitude dos interesses que contraria, somente se produz no quadro de uma convulsão social. Restava, como linha de facilidade, continuar apoiando-se na modernização, por conseguinte reproduzindo o subdesenvolvimento."

6 De acordo com Colistete (1990: 77): "dificilmente o projeto de superação do estatuto periférico poderia ser viabilizado prescindindo das inversões internacionais. [...] pelos seus efeitos positivos em termos de diversificação produtiva e aporte da técnica moderna, tanto os recursos de empréstimos públicos como as inversões diretas de firmas internacionais eram supostos como necessários ao desenvolvimento periférico."

7 Sobre a função ativa do sistema financeiro e/ou a passiva do Estado como condutores do processo de monopolização do capital, ver Tavares (1983: 109-111).

8 Esperamos ter demonstrado acima que o sistema financeiro condiciona de duas formas a valorização da riqueza e as avaliações patrimoniais: de um lado, fornece sinais relevantes para a antecipação dos rendimentos futuros dos diferentes ativos; de outro, como a formação de posições ativas pressupõe o seu financiamento, são cruciais as condições de custos, prazos e acesso a recursos definidos no sistema bancário e no mercado de capitais.

9 É evidente que os bancos podem avançar linhas de crédito de curto prazo, quando existem demandas (geralmente associadas à manutenção do fluxo produtivo), mesmo com seus passivos concentrados no curtíssimo prazo. Entretanto o que queremos ressaltar é que as expectativas pessimistas quanto ao futuro levam à redução da eficiência marginal do capital e, conseqüentemente, do investimento. Em outras palavras, em regime de alta inflação e elevada incerteza, a riqueza permanece concentrada em ativos financeiros líquidos ou de risco. Sendo assim, uma emissão forçada – por decisão de política econômica – de *finance* pode não se direcionar ao investimento produtivo, ou, mais precisamente, deve se deslocar para o circuito de valorização financeira (da moeda indexada). Nestas condições inexistem mecanismos, financeiros e reais, que possibilitem à liquidez financeira ampliar o investimento e, portanto, o emprego.

10 Como mostramos no Capítulo 1, a questão da seqüência e da velocidade da abertura financeira externa é controvertida mesmo dentro do pensamento liberal. A execução desta política nos países do Cone Sul, principalmente na Argentina e Uruguai (o Chile seguiu a ordem correta), em desacordo com os preceitos de McKinnon, pode estar associada a vários fatores que escapam ao âmbito teórico. Tendemos a afirmar que o

endurecimento dos *policy makers*, no sentido de uma maior ortodoxia liberal, articulados a grupos de interesses rentistas internos levaram a uma aceleração das reformas voltadas a uma maior integração aos fluxos de capitais externos.

11 Na verdade, a abertura financeira vincula a taxa nominal de juros ao custo do crédito externo, através do risco cambial. A possibilidade de estabilizar a taxa de juros real depende da possibilidade de estabilizar a taxa de câmbio real, dado que as flutuações desta se transmitem àquela. Mais importante ainda é o fato de que a taxa de juros nominal não depende da política cambial atual, mas das expectativas quanto à taxa de câmbio futura.

12 Cf. Akyuz (1993: 9-10): "os movimentos internacionais de capitais não são motivados por oportunidades de investimentos de longo prazo, mas pelas perspectivas de ganhos e perdas de capitais de curto prazo; [...] o elemento especulativo no retorno esperado dos ativos financeiros não é apenas dominante, mas também altamente mutável, capaz de gerar inflexões nas taxas de câmbio e nos preços dos ativos financeiros, causando mudanças repentinas nos fluxos de capitais por razões não relacionadas aos fundamentos reais das economias [...]. Esta predominância da especulação sobre os empreendimentos produtivos na esfera financeira internacional não é muito diferente da operação dos modernos mercados de capitais que Keynes descreveu no Capítulo 12 da *Teoria Geral*."

13 De acordo com Belluzzo & Batista (1992: 47): "a manutenção do influxo de empréstimos supõe uma ampliação do diferencial de juros, ou seja, um aumento nos juros internos, uma redução dos externos ou uma diminuição da desvalorização cambial esperada. Isso significa dizer que a efetividade desse mecanismo declina com o tempo e que sua utilização só se justifica por períodos muito curtos."

14 Cf. Almeida (1988: 1 e 9): "instabilidade [...] caracteriza-se pela variabilidade acentuada dos parâmetros que guiam as expectativas e os padrões de risco de empresários e capitalistas." E mais: "Se na economia têm lugar certas mudanças com poder de redefinir o valor dos ativos, as expectativas de rendimentos e/ou as condições dos compromissos financeiros, então podem se sobrepor a qualquer outra determinação ou vantagem da empresa ou banco (padrão técnico, eficiência etc.), o desequilíbrio patrimonial e o estrangulamento de natureza financeira."

CONSIDERAÇÕES FINAIS

> Como resolver, dentro dos parâmetros capitalistas, o problema da acumulação de capital e do crescimento, quando um pesado e empobrecido aparato estatal (para não acrescentar as restrições que emanam da dívida externa, que em quase todos os países da América hispânica é relativamente mais pesada que no caso brasileiro) dificilmente possa constituir-se em um eixo dinâmico, e quando a burguesia está escassamente inserida em atividades produtivas, e tão pouco burguesa, tão pouco produtiva e tão subordinada a – ou simbiotizada com – o capital financeiro/especulativo?
>
> O'DONNELL, 1988

A liberalização dos mercados monetários e de capitais foi a fórmula encontrada para eliminar a "repressão financeira" e dinamizar as economias do Cone Sul, em meados dos anos 70. Como já afirmamos, mesmo não sendo incorreto pensar que a liberalização das taxas de juros e a abertura aos mercados externos facilitam a captação interna e externa de recursos, as mesmas, no entanto, não asseguram o desenvolvimento de fontes de financiamento de médio e longo prazo, destinadas à acumulação produtiva, sobretudo em se tratando de economias desorganizadas e estagnadas.

Não obstante o efeito positivo do aumento da taxa de juros e da desregulamentação dos mercados financeiros sobre o volume de depósitos bancários à vista e a prazo, o conjunto da economia tende a caminhar em direção a contratos financeiros de maior liquidez, o que paralisa relativamente o investimento, levando a taxas de juros ainda maiores, exprimindo a elevação do custo de se desprender da riqueza.

A abertura financeira irrestrita aos fluxos financeiros internacionais privados se revelou, também, profundamente infrutífera, pois induziu apenas à entrada de capitais de curto prazo atraídos pela elevada rentabilidade dos ativos financeiros e pelas possibilidades de especulação cambial. O resultado foi um ciclo curto de endividamento externo com elevados custos e reduzidos prazos. Ao invés de favorecer uma formulação mais adequada das políticas de financiamento, desorganizou ainda mais o sistema de financiamento doméstico, sobretudo na dimensão fiscal, devido à estatização da dívida externa contraída (ver Tabelas 18, 19 e 20). Quanto aos investimentos diretos de risco, estes somente refluem na magnitude requerida quando as economias retomam o processo de crescimento, o que não ocorreu no Cone Sul.

Assim, podemos concluir que nenhum dos países estudados reformou de maneira substantiva as condições de operação dos sistemas financeiros privados nacionais, de sorte a permitir um alongamento dos prazos. Por conseguinte, as fontes predominantes de financiamento da inversão continuam sendo a acumulação interna de lucros e as restritas entradas de capital externo de risco. O problema do financiamento da acumulação produtiva e da construção de uma intermediação eficiente e menos vulnerável à especulação permanece presente no contexto latinoamericano. O que permite a Tavares (1993: 79) afirmar:

> Tem que refazer, reformar e tentar regular de alguma forma a intermediação financeira interna, buscando formas mais flexíveis de adaptação e reinserção em um mercado financeiro internacional, crescentemente instável e relutante em emprestar a longo prazo, sobretudo para países de alto risco.

A recuperação da capacidade de financiamento das economias em desenvolvimento, essencial à retomada do cresci-

Tabela 18 – Argentina: Indicadores do endividamento externo – US$ milhões

	1970	1973	1974	1976	1979	1980	1982	1983	1984	1985	1990
1. Estoque de dívida externa	5.171	6.429	6.789	8.258	20.950	27.157	43.634	45.920	48.857	50.945	61.144
1.1. Pública ou com garantia pública	1.880	2.787	3.251	4.431	8.600	10.181	15.886	25.440	26.700	37.327	46.146
1.2. Privada	3.291	3.432	3.460	3.298	5.439	6.593	11.227	10.393	10.340	4.575	1.800
1.3. FMI	0	210	78	529	0	0	0	1.173	1.098	2.312	3.083
1.4. Curto prazo	–	–	–	–	6.911	10.383	16.521	8.913	10.718	6.730	10.115
2. Dinheiro novo de médio e longo prazo	907	1.234	1.460	2.173	5.865	4.708	7.054	2.832	821	3.584	914
2.1. Credores oficiais	162	189	267	155	363	276	306	551	296	366	746
2.2. Credores privados (públ. ou com garantia pública)	321	624	719	1.728	2.761	2.563	4.443	1.781	225	3.219	169
2.3. Credores privados (sem garantia)	424	421	474	290	2.740	1.869	2.304	500	300	0	0
3. Serviço de dívida de médio e longo prazo	1.110	1.375	1.508	1.524	2.256	3.190	3.729	3.786	4.104	5.413	3.936
3.1. Principal	772	915	996	1.053	1.299	1.853	1.294	1.367	824	1.017	1.664
3.2. Juros	338	461	511	470	957	1.337	2.435	2.419	3.280	4.396	2.273
4. Exportações	1.773	3.266	3.930	3.918	7.810	8.021	7.623	7.835	8.100	8.396	12.339
4.1. Serviço/Exportações (%)	0,63	0,42	0,38	0,39	0,29	0,40	0,49	0,48	0,51	0,64	0,32
5. Saldo balança comercial	274	1.289	714	1.153	1.782	(1.373)	2.764	3.716	3.982	4.878	8.596
5.1. Serviço/Saldo da BC (%)	4,05	1,07	2,11	1,32	1,27	–	1,35	1,02	1,03	1,11	0,46

Fonte: World Bank, *World Debt Table*, 1989/1990 e 1991. IMF, *International Financial Statistics*, Yearbook, 1991.

Tabela 19 – Chile: Indicadores do endividamento externo – US$ milhões

	1970	1973	1974	1976	1979	1980	1982	1983	1984	1985	1990
1. Estoque de dívida externa	2.570	3.275	4.522	4.849	9.361	12.081	17.314	17.928	19.737	20.384	19.114
1.1. Pública ou com garantia pública	2.067	2.814	3.792	3.609	4.811	4.705	5.243	6.598	10.617	12.897	10.339
1.2. Privada	501	365	534	772	2.736	4.693	8.726	8.125	6.427	4.731	4.263
1.3. FMI	2	95	196	467	179	123	6	606	779	1.088	1.156
1.4. Curto prazo	–	–	–	–	1.635	2.560	3.38	2.599	1.914	1.668	3.356
2. Dinheiro novo de médio e longo prazo	655	358	761	654	2.785	3.551	2.678	1.962	1.651	1.450	2.252
2.1. Credores oficiais	133	160	228	127	91	62	64	234	369	501	650
2.2. Credores privados (públ. ou com garantia pública)	275	155	313	307	1.262	796	1.236	1.493	1.168	863	57
2.3. Credores privados (sem garantia)	247	43	220	221	1.432	2.694	1.378	234	114	86	1.545
3. Serviço de dívida de médio e longo prazo	312	237	365	894	1.901	2.380	3.193	2.274	2.427	1.967	2.094
3.1. Principal	207	172	251	640	1.318	1.462	1.250	913	444	329	746
3.2. Juros	104	65	114	254	583	918	1.942	1.361	1.983	1.637	1.348
4. Exportações	1.113	1.316	2.152	2.116	3.835	4.705	3.706	3.831	3.650	3.804	8.310
4.1. Serviço/Exportações (%)	0,28	0,18	0,17	0,42	0,50	0,51	0,86	0,59	0,66	0,52	0,25
5. Saldo balança comercial	246	(13)	250	643	(355)	(764)	63	986	362	850	1.273
5.1. Serviço/Saldo da BC (%)	1,27	–	1,46	1,39	–	–	50,68	2,31	6,70	2,31	1,64

Fonte: Ver Tabela 18.

Tabela 20 – Uruguai: Indicadores do endividamento externo – US$ milhões

	1970	1973	1974	1976	1979	1980	1982	1983	1984	1985	1990
1. Estoque de dívida externa	316	416	715	896	1.323	1.660	2.647	3.292	3.271	3.919	3.707
1.1. Pública ou com garantia pública	269	346	519	694	932	1.127	1.700	2.510	2.528	2.695	3.044
1.2. Privada	29	31	119	57	185	211	206	158	129	60	110
1.3. FMI	18	39	78	145	0	0	96	237	222	350	101
1.4. Curto prazo	–	–	–	–	206	322	645	386	392	814	452
2. Dinheiro novo de médio e longo prazo	50	86	383	240	321	356	533	502	189	220	455
2.1. Credores oficiais	20	39	86	40	63	58	68	45	74	54	173
2.2. Credores privados (públ. ou com garantia pública)	18	45	203	185	128	235	365	457	115	166	203
2.3. Credores privados (sem garantia)	13	3	94	16	131	63	101	0	0	0	80
3. Serviço de dívida de médio e longo prazo	69	104	168	220	149	251	471	346	445	485	793
3.1. Principal	51	80	132	159	68	130	292	121	150	193	473
3.2. Juros	17	24	36	61	81	121	179	226	295	292	320
4. Exportações	224	328	381	565	788	1.059	1.256	1.156	925	854	–
4.1. Serviço/Exportações (%)	0,31	0,32	0,44	0,39	0,19	0,24	0,37	0,30	0,48	0,57	–
5. Saldo balança comercial	21	79	(52)	28	(378)	(610)	218	417	192	178	–
5.1. Serviço/Saldo da BC (%)	3,29	1,32	–	7,75	–	–	2,16	0,83	2,31	2,72	–

Fonte: Ver Tabela 18.

mento, não pode ser solucionada, exclusivamente, pelo setor externo por causa da grande volatilidade dos movimentos de capitais de curto prazo. Tampouco pode ser executada, de forma independente, pelo setor financeiro privado, devido à sua tendência em operar no curto prazo, em condições de instabilidade e incerteza. Por conseguinte, uma vez mais o equacionamento da estrutura de financiamento da economia passa pelo Estado, sem o que os investimentos de reconversão produtiva ocorrerão apenas nas empresas mais bem situadas no mercado e com maior capacidade de autofinanciamento. Noutras palavras, a ausência de um sistema de crédito público capaz de alavancar os processos de reestruturação interna mantém os objetivos latino-americanos de acesso à "modernidade" e de adesão às regras do mercado internacional como uma "utopia regressiva".[1]

Após o malogro das experiências de liberalização financeira e comercial do Cone Sul, McKinnon realizou uma autocrítica.[2] Nesta deslocou-se mais uma vez para a experiência do Sudeste asiático (Japão, Formosa e Coréia), caracterizada por forte monitoramento estatal sobre o sistema financeiro, com limites sobre juros ativos e passivos, subsídios, direcionamento de crédito e de instituições especiais. A despeito da forte intervenção estatal, o sistema financeiro asiático não poderia ser classificado como reprimido, pois as taxas de juros praticadas foram positivas em termos reais e elevadas se comparadas com as de outros países desenvolvidos. A repressão financeira ficaria associada, então, apenas à prática de juros reais baixos, sobretudo se negativos, e não mais a políticas restritivas ao livre funcionamento dos mercados creditícios.

A desregulamentação do mercado bancário japonês, iniciada apenas em 1981, e a liberalização das taxas de juros, somente ao final da década de 80, fornecem um aprendizado importante:

> somente após um substancial aprofundamento financeiro nas instituições não bancárias do mercado de

capitais – crescimento das transações de títulos primários e aumento da intermediação por companhias financeiras e de seguros, fundos de pensão etc. – é que as autoridades japonesas afrouxaram consideravelmente (ou começaram a pensar nisso) o que os bancos comerciais podiam fazer (McKinnon, 1988: 19).

A diversificação dos instrumentos e intermediários financeiros passa a ser independente da política de liberalização. É desejável, até, que a liberalização ocorra de forma gradual, preferencialmente após a existência de um aprofundamento financeiro considerável, vale dizer, quando os segmentos não bancários do sistema financeiro já estiverem plenamente constituídos.[3]

Neste sentido, o último alicerce do paradigma da repressão financeira foi retirado por um de seus fundadores, com o abandono da prescrição de um aumento da taxa de juros como estratégia de aprofundamento financeiro. Ainda mais importante: uma política de liberalização apenas seria viável a partir de uma situação de relativa diversificação dos mercados financeiros. Inversamente, evitar taxas de juros reais elevadas passa a ser fundamental para a viabilidade do sistema financeiro e do próprio desenvolvimento econômico. Nas palavras de McKinnon (1988: 25): "mais tristes, porém mais sábios, agora entendemos que as taxas de juros incrivelmente altas sobre os empréstimos em pesos, em grande parte, significaram o colapso do [...] sistema bancário chileno."

Em suma, estamos muito distantes das avaliações e das políticas recomendadas em 1973, quando McKinnon e Shaw apresentaram a liberalização financeira como o epicentro de uma nova teoria do desenvolvimento. Na verdade, da formulação original resta apenas a proposição de que o nível das taxas de juros reais deve ser positivo. Assim, a defesa da liberalização financeira perde o seu sentido objetivo, passando a se sustentar apenas no campo ideológico, pois continua sendo recomendada como melhor e única opção estratégica de desenvolvimento:

a liberalização financeira [...], com captação e aplicação a taxas de juros reais elevadas, viabilizadas por um nível estável de preços, não é fácil e é cheia de percalços. No entanto permanece o único jogo existente no que concerne ao desenvolvimento econômico. Esta, claro, foi a principal mensagem de meu livro de 1973, *Money and capital in economic development* (McKinnon, 1988: 45).

Se a liberalização financeira somente deve ocorrer em uma economia estável e com mercados financeiros diversificados (inclusive mercados de capitais e investidores institucionais), então, podemos inferir que a teoria da repressão financeira nada tem a dizer, tanto no que concerne ao financiamento do desenvolvimento econômico, quanto às políticas institucionais relativas ao crescimento dos intermediários financeiros. Noutras palavras, o desenvolvimento econômico requer a definição de políticas financeira e creditícia para alavancar as empresas produtivas, de forma articulada com uma política industrial e de desenvolvimento social. A experiência histórica mostra que esta poderia ser uma política capaz de gerar um "aprofundamento financeiro" e não uma simples política de liberalização dos controles sobre os mercados financeiros.[4] Deste ponto de vista, uma política de financiamento, estimulando os setores prioritários (novas tecnologias, exportação, agricultura, pequena e média empresa etc.), conectada a um planejamento de médio e longo prazo, é que gestará, a partir de sua própria maturidade, pressões para a liberalização, à medida que as massas de capitais passam a exigir com maior vigor acesso a todas as formas possíveis de valorização produtiva e financeira.

Uma liberalização prematura do sistema financeiro tende a exacerbar o componente especulativo e de curto prazo, ampliando o papel das quase-moedas e das arbitragens nos mercados de risco. Processos bem-sucedidos de liberalização dos mercados estão correlacionados a complexas decisões que hierarquizam, condicionam, selecionam e organizam a liberalização, não em virtude de critérios abstratos, sobre a supremacia da regulação pelo "mercado", em detrimento da estatal, mas atendendo às necessidades e aos limites da base empresarial a partir da qual se definem essas políticas. Assim sendo, refutamos uma política de liberalização em si mesma, sem que os grupos econômicos tenham alcançado níveis de integração financeira e internacionalização adequados. Vale dizer, o êxito ou o malogro das políticas de liberalização financeira está subordinado, em primeira instância, às formas de articulação dos grupos empresariais – entre as instituições financeiras e os setores produtivos e comerciais – e, em última instância, ao papel do Estado como modelador dessas articulações.

Notas

1 De acordo com Tavares (1993: 85), "como era de se esperar, a economia chilena somente pôde considerar-se ajustada quando foi levantada a restrição externa e o setor público foi capaz de financiar simultaneamente a estabilização a curto prazo e a inversão de longo prazo".

2 Segundo McKinnon (1988: 31), "dadas as severas distorções desenvolvidas na economia chilena até 1973, estas novas políticas de liberalização do comércio internacional e eliminação da repressão financeira doméstica pareceram extremamente bem ordenadas, em um sentido de 'manual'. Foram amplamente aplaudidas por quase todos os economistas que eram então observadores diretos. Assim, as numerosas falências bancárias e a severa recessão da economia do final de 1981 a 1984, deixando-a com um endividamento excessivo relativamente a um PNB encolhido, são angustiantes não só para os chilenos, mas também para os economistas de um modo geral".

3 Cf. McKinnon (1988: 22): "somente após quase duas décadas de extraordinário aprofundamento financeiro, com estabilidade de preços, é que Formosa finalmente está afrouxando os seus rígidos controles sobre as atividades bancárias."

4 Cf. Tavares (1993: 20): "práticas de liberalização comercial e financeira são processos inelutáveis, quando se pretende, como no caso do Brasil, continuar inserido no mercado global, mas elas têm de ser acompanhadas por políticas industriais, tecnológicas e comerciais de novos estilos, que permitam mudar os mecanismos de proteção e incentivo às exportações, além de novas e mais eficientes políticas de produção e proteção social. Tudo isso significa uma profunda reforma do Estado e do comportamento de agentes privados, cuja escala e tempo são imprevisíveis."

Bibliografia

AGLIETTA, M. et alii. *Globalisation financière: L'aventure obligée.* Paris: Economica, 1990.

AGLIETTA, M. & ORLÉAN, A. *La violence de la monnaie.* Paris: Presses Universitaires de France, 1982. Tradução brasileira: *A violência da moeda.* São Paulo: Brasiliense, 1990.

AKYUZ, Y. & KOTTE, D. J. "Financial policies in developing countries: issues and experience", *Discussion Papers*, nº 40. Genebra: UNCTAD, 1991.

AKYUZ, Y. (1993) "On financial openness in developing countries", in *International monetary and fnancial issues for the 1990s. Research papers for the Group of Twenty-Four*, vol. II. Genebra: UNCTAD, 1993.

ALMEIDA, J. S. G. (1988) "Instabilidade da economia e estrutura financeira das empresas no Brasil do ajustamento recessivo", *Texto para Discussão*, nº 178. Rio de Janeiro: IEI/UFRJ, 1988.

ANDRADE, J. F. "A ressurreição da teoria dos fundos de empréstimos e o motivo finanças de Keynes", in AMADEO, E. J. (ed.), *John M. Keynes: Cinqüenta anos da teoria geral.* Rio de Janeiro: Série PNPE/IPEA, nº 20, 1992.

ANTÍA, F. "Endeudamiento externo, crisis financiera y política económica (1979-1983)", *SUMA*, vol. 1, nº 1, Montevidéu, 1986.

⎯⎯⎯⎯. F. "Cambios en el sistema financiero y el futuro del sistema bancario comercial", in *Uruguay '88: la coyuntura económica nacional, regional e internacional*, tomo II. Montevidéu: Instituto de Economía/FESUR, 1988. ARELLANO, J. P. "De la liberalización a la intervención: el mercado de capitales en Chile (1974-83)", *Colección Estudios CIEPLAN*, nº 11. Santiago: CIEPLAN, 1983.

ASIMAKOPULOS, A. "Kalecki and Keynes on finance, investment and saving", Cambridge Journal of Economics, vol. 7, nº 3/4. Knoxville, 1983.

BAER, M. "Mudanças e tendências dos mercados financeiros internacionais na década de 80", Pensamiento Iberoamericano, nº 18. Madri, 1990.

_____. O rumo perdido. A crise fiscal e financeira do Estado brasileiro. São Paulo: Paz e Terra, 1993.

BALASSA, B. (1982) "Disequilibrium analysis in developing economies: an overview", World Development. Oxford, 1982.

BARLETTA, N. A.; BLEJER, M. I. & LANDAU, L. Economic liberalization and stabilization policies in Argentina, Chile and Uruguay: applications of the monetary approach to the balance of payments. Washington, DC: The World Bank, 1984.

BELLUZZO, L. G. M. & ALMEIDA, J. S. G. "Enriquecimento e produção – Keynes e a dupla natureza do capitalismo", Novos Estudos, nº 23. São Paulo: CEBRAP, 1989.

_____. "Crise e reforma monetária no Brasil", São Paulo em Perspectiva, vol. 4, nº 1. São Paulo: Fundação SEADE, 1990.

_____. "A crise da dívida e suas repercussões sobre a economia brasileira", in BELLUZZO, L. G. M. & BATISTA JR., P. N. (orgs.), A luta pela sobrevivência da moeda nacional. São Paulo: Paz e Terra, 1982.

BELLUZZO, L. G. M. & BATISTA JR., P. N. "Movimento de capitais, instabilidade monetária e desequilíbrio fiscal", Indicadores Econômicos, vol. 20, nº 3. Porto Alegre: FEE/UFRG, 1992.

BOISSIEU, C. "Économie d'endettement, économie de marchés financiers et taux d'intérêt" (ou, na edição em língua inglesa, "The 'overdraft economy', the 'auto-economy' and the rate of interest"), in BARRÉRE, A. (coord.), Keynes aujourd'hui: théories et politiques. Paris: Economica, 1985.

BRAGA, J. C. S. "A financeirização da riqueza – a macroestrutura financeira e a nova dinâmica dos capitalismos centrais", Textos para Discussão, ano 6, nº 3. São Paulo: IESP/FUNDAP, 1991.

BRESSER PEREIRA, L. C. "A crise da América Latina: consenso de Washington ou crise fiscal?", Pesquisa e Planejamento Econômico, vol. 21, nº 1. Rio de Janeiro: IPEA, 1991.

BUCHANAN, J. M. The limits of liberty: between anarchy and leviathan. Chicago: Chicago University Press, 1975.

CANUTO, O. Processos de industrialização tardia: o "paradigma" da Coréia do Sul. Tese de doutorado. Campinas: IE/UNICAMP, 1991.

CARDOSO de MELLO, J. M. "Conseqüências do neoliberalismo", Economia & Sociedade, nº 1. Campinas: IE/UNICAMP, 1992.

CARVALHO, F. J. C. "Alta inflação e hiperinflação: uma visão pós-keynesiana", in BELLUZZO, L. G. M. & BATISTA JR., P. N. (orgs.), op. cit., 1992.

___. "Moeda, produção e acumulação: uma perspectiva pós-keynesiana", in SILVA, M. L. F. (org.), *Moeda e produção: teorias comparadas*. Brasília: Ed. da UnB, 1992.

CASANOVA, P. G. (org.). *América Latina – história de meio século*. Brasília: Ed. da UnB, 1988.

CEPAL "O desenvolvimento recente do sistema financeiro da América Latina", in SERRA, J. (coord.) *América Latina: ensaios de interpretação econômica*. Rio de Janeiro: Paz e Terra, 1976.

CHO, Y. J. "Inneficiencies from financial liberalization in the absence of well-functioning equity markets", *Journal of Money, Credit and Banking*, vol. 18, nº 2. Ohio State University Press, 1986.

COLISTETE, R. P. O desenvolvimentismo e seus críticos: as idéias da CEPAL e de Caio Prado JR. sobre a internacionalização econômica nos anos 50. Dissertação de mestrado. Campinas: IE/UNICAMP, 1990.

CORBO, V. & MELO, J. (ed.). "Scrambling for survival: how firms adjusted to the recent reforms in Argentina, Chile and Uruguay", *World Bank Staff Working Papers*, nº 764. Washington, DC, 1985a.

___. "Liberalization with stabilization in the Southern Cone of Latin America: overview and summary", *World Development*, vol. 13, nº 8. Oxford, 1985b.

CORBO, V.; MELO, J. & TYBOUT, J. "What went wrong with the recent reforms in the Southern Cone", *Economic Development and Cultural Change*, vol. 34, nº 3. Chicago, 1986.

CORTÁZAR, R.; FOXLEY, A. & TOKMAN, V. E. *Legados del monetarismo: Argentina y Chile*. Buenos Aires: PREALC/OIT/ Solar, 1984.

COSTA, F. N. *Ensaios de economia monetária*. São Paulo: Bienal/EDUC, 1992.

DAMILL, M.; FANELLI, J. M.; FRENKEL, R. & ROZENWURCEL, G. "As relações financeiras na economia argentina", *Pesquisa e Planejamento Econômico*, vol. 18, nº 2. Rio de Janeiro: IPEA, 1986.

DAVIDSON, P. *Money and the real world*. Londres: Macmillan Press, 1978.

___. *International money and the real world*. Londres: Macmillan Press, 1982.

___. "Finance, funding, saving and investment", *Journal of Post Keynesian Economics*, vol. IX, nº 1. Knoxville, 1986.

___. "Keynes and money", in HILL, R. *Keynes, money and monetarism. The Eighth Keynes Seminar Held at the University of Kent at Canterbury, 1987*. Londres: Macmillan Press, 1989.

DAVIDSON, P. "The role of contracts and money in theory and the real world", in idem, *Controversies in post keynesian economics*. Edward Elgar Publishing Company, 1991.
DIAZ-ALEJANDRO, C. "Da repressão financeira à crise: experiências do Cone Sul", *Pesquisa e Planejamento Econômico*, vol. 14, nº 3. Rio de Janeiro: IPEA, pp. 623-658, 1984.
_____. "Good-bye financial repression, hello financial crash", *Journal of Development Economics*, nº 19, 1985.
EDWARDS, S. "Stabilization with liberalization: an evaluation of ten years of Chile's experiment with free-market policies, 1973-1983", *Economic Development and Cultural Change*, vol. 37, nº 2. Chicago: University of Chicago, 1985.
FAJNZYLBER, F. "Reflexões sobre os limites e potencialidades econômicas da democratização", *Revista de Economia Política*, vol. 6, nº 1. São Paulo: Brasiliense, 1986.
FANELLI, J. M.; FRENKEL, R. & ROZENWURCEL, G. Growth and structural reform in Latin America. Where we stand. Buenos Aires: CEDES/UNCTAD, mimeo, 1990. Edição em espanhol: "Crecimiento y reforma estructural en América Latina. La situación actual", in VIAL, J. (comp.), *Adonde va América Latina? Balance de las reformas económicas*. Santiago: CIEPLAN, 1992.
FELDMAN, E. & SOMMER, J. *Crisis financiera y endeudamiento externo en la Argentina*. Buenos Aires: CET/Centro Editor de América Latina, 1986.
FERREIRA, C. K. L. & FREITAS, M. C. P. *O mercado internacional de crédito e as inovações financeiras nos anos 70 e 80*. São Paulo: IESP/FUNDAP, 1989.
FERREIRA, C. K. L.; FREITAS, M. C. P. & SCHWARTZ, G. "O sistema monetário-financeiro dos países em desenvolvimento", Relatório parcial nº 7 do projeto *O formato institucional do sistema monetário e financeiro: um estudo comparado*. São Paulo: IESP/FUNDAP/Sec. da Ciência, Tecnologia e Desenvolvimento Econômico do Estado de São Paulo, 1992.
FFRENCH-DAVIS, R. & ARELLANO, J. P. "Apertura financiera externa: la experiencia chilena en 1973-80", *Colección Estudios CIEPLAN*, nº 5. Santiago: CIEPLAN, 1981.
FIORI, J. L. "Cenários políticos brasileiros para a década de noventa", *São Paulo no limiar do século XXI: perspectivas dos setores produtivos 1980-2000*, Documento nº 2.2.3. Campinas: IPT/FECAMP/IE/UNICAMP/Fundação SEADE, 1990.
_____. "Reforma ou sucata: o dilema estratégico do setor público brasileiro", *Textos para Discussão*, ano 6, nº 4. São Paulo: IESP/FUNDAP, 1991.

FIORI, J. L. "Poder e credibilidade: o paradoxo político da reforma liberal", *Lua Nova*, nº 25. São Paulo: CEDEC/Marco Zero, 1992.
FREITAS, M. C. P. & SCHWARTZ, G. "Serviços financeiros: rumo à reregulamentação", *São Paulo em perspectiva*, vol. 6, nº 3. São Paulo: Fundação SEADE, 1992.
FRENKEL, J. A. & JONHSON, H. *The monetary approach to the balance of payments*. Londres: George Allen & Unwin, 1976.
FUKUYAMA, F. *O fim da história e o último homem*. Rio de Janeiro: Rocco, 1992.
FURTADO, C. "El conocimiento económico de América Latina", *Comércio Exterior*, vol. 26, nº 5. México, 1976.
_____. *Brasil – a construção interrompida*. São Paulo: Paz e Terra, 1992.
GATICA, J. & MIZALA, A. "Autoritarismo e ortodoxia econômica: Chile 1974-87", *Revista de Economia Política*, vol. 10, nº 2. São Paulo: Brasiliense, 1990.
HICKS, J. *Perspectivas econômicas. Ensaios sobre moeda e crescimento*. Rio de Janeiro: Zahar, 1978.
_____. *A crise na economia keynesiana*. São Paulo: Vértice, 1987.
JONHSON, H. "The monetary approach to the balance of payments: a non-technical guide", *Journal of International Economics*, nº 7, 1977.
KALDOR, N. (1956). "Los problemas económicos de Chile", in idem, *Ensayos sobre política económica*. Madri: Tecnos, 1971.
_____."The Radcliffe Report and monetary policy", Parte I, *The scourge of monetarism*. Nova Iorque: Oxford University Press,1982.
KALECKI, M. *Theory of economic dynamics. An essay on ciclical and long-run changes in capitalist economy*. Londres: George Allen & Unwin, 1954. Tradução brasileira: *Teoria da dinâmica econômica*. Coleção Os Pensadores. São Paulo: Abril Cultural, 1978.
_____. "O mecanismo da recuperação econômica", in idem, *Crescimento e ciclo das economias capitalistas*. São Paulo: Hucitec, 1983.
KEYNES, J. M. "Inflation and deflation", Parte II, *Essays in persuasion*. Nova Iorque: W. Norton, pp. 77-178, 1963. Tradução brasileira: *Inflação e deflação*, Coleção Os Pensadores. São Paulo: Abril Cultural, 1978.
_____. (1930). "A further elucidation of the distinction between savings and investment", in "A treatise on money", *The collected writings of John Maynard Keynes*, vol. V, cap. 12. Londres: Macmillan/Cambridge University Press, pp. 154-65, 1973. Tradução brasileira: "A distinção entre poupança e investimento",

in SZMRECSÁNYI, T. (org.), J. M. Keynes. São Paulo: Ática, pp. 127-137, 1984.
KEYNES, J. M. The general theory of employment, interest and money. Londres: Macmillan, 1936. Tradução brasileira: A teoria geral do emprego, do juro e da moeda, Coleção Os Economistas. São Paulo: Nova Cultural, 1985.
_____. "Alternative theories of the rate of interest", Economic Journal, vol. 47, jun., 1937a. Tradução brasileira: "Teorias alternativas da taxa de juros", Literatura Econômica, vol. 9, nº 2. IPEA-RJ, 1987.
_____. "The 'ex-ante' theory of the rate of interest", Economic Journal, vol. 47, dez., 1937b. Tradução brasileira: "A teoria ex ante da taxa de juros", Literatura Econômica, vol. 9, nº 2. IPEA-RJ, 1987.
_____. (1930). "A treatise on money", The collected writings of John Maynard Keynes, vols. V e VI. Londres: Macmillan/ Cambridge University Press, 1973.
KINDLEBERGER, C. P. "Financial deregulation and economic performance: an attempt to relate European financial history to current LDC issues", Journal of Development Economics, vol. 27. North-Holland, 1987.
MCKINNON, R. I. Dinero y capital en el desarrollo económico. México: Programa de Desenvolvimento de Mercados de Capitais da OEA/CEMLA, 1974. Edição original: Money and capital in economic development. Washington, DC: The Brookings Institution, 1973.
MCKINNON, R. I. & MATHIESON, D. "How to manage a repressed economy", Essays in International Finance, nº 145. Princeton University, 1981.
MCKINNON, R. I. "The order of economic liberalization: lessons from Chile and Argentina", in BRUNNER, K. & MELTZER, A. H. (ed.), Economic policy in a world of change, vol. 17. North-Holland Publishing Company, 1982.
_____. "Financial liberalization and economic development: a reassessment of interest-rate policies in Asia and Latin America", International Center for Economic Growth, Occasional Papers, nº 6, 1988.
MENDONÇA de BARROS, L. C. O sistema financeiro. São Paulo: mimeo, 1990.
_____. "A moeda indexada", Economia e Sociedade, nº 2. Campinas: IE/UNICAMP, 1993.
MINSKY, H. P. Can 'it' happen again? Essays on instability and finance. Nova Iorque: M. E. Sharpe, 1982.

MINSKY, H. P. "La structure financière: endettement et crédit", in BARRÉRE, A., op. cit., 1985.

———. *Stabilizing an unstable economy*. New Haven, Yale University Press, 1986.

MIRANDA, J. C. R. Câmbio, juros e fisco: a experiência internacional. Tese de doutorado. Campinas: IE/UNICAMP, 1992.

MOLHO, L. E. "Interest rates, saving, and investment in development countries – a re-examination of the McKinnon-Shaw hypotheses", *IMF Staff Papers*, vol. 33, nº 1, Washington, DC, 1986.

MONACO, M. & ROWLEY, C. *A political economy of budget deficits*, 1987.

MONTERO, C. "La evolución del empresariado chileno: surge un nuevo actor?", *Colección Estudios CIEPLAN*, nº 30. Santiago: CIEPLAN, 1990.

MORRIS, F. F.; DORFMAN, M.; ORTIZ, J. P. & FRANCO, M. C. "Latin America's banking systems in the 1980's: a cross-country comparison", *World Bank Discussion Paper*, nº 81, Washington, DC, 1990.

MOULIAN, T. & VERGARA, P. "Estado, ideologia e políticas econômicas no Chile: 1973/78", *Pesquisa e Planejamento Econômico*, vol. 11, nº 2. Rio de Janeiro: IPEA, 1981.

NOYA, N. A liberalização financeira e a acumulação de capital no Uruguai (1974-1984). Dissertação de mestrado. Campinas: IE/UNICAMP, 1988.

O'DONNELL, G. "Hiatos, instituições e perspectivas democráticas", in REIS, F. W. & O'DONNELL, G. (orgs.), *Dilemas e perspectivas*. São Paulo: Vértice, 1988.

O'DONNELL, G.; SCHMITTER, P. C. & WHITEHEAD, L. (orgs.). *Transições do regime autoritário – América Latina*. São Paulo: Vértice, 1988.

OLSON, M. *The logic of collective action. Public goods and the theory of groups*. Nova Iorque: Shocken Books, 1971.

———. *The rise and decline of nations*. New Haven: Yale University Press, 1982.

PASCALE, R. "La estructura del sistema financiero en los países de la ALADI", *Estudio 14*. Montevidéu: ALADI/SEC, 1983.

PINTO, A. "A América Latina entre duas crises", *Revista de Economía Política*, vol. 12, nº 3. São Paulo: Nobel. 1992.

QUIJANO, J. & FORTEZA, A. "Algunas enseñanzas de la experiencia neoliberal", in *Uruguay'87 – La coyuntura económica nacional e internacional*. Montevidéu: Instituto de Economía/FESUR, 1987.

RAMOS, J. (1984) "Estabilización y liberalización económica en el Cono Sur", *Estudios e informes de la CEPAL*. Santiago, 1984.

Versão atualizada: *Neoconservative economics in the Southern Cone of Latin America, 1973-1983*. Baltimore: The Johns Hopkins University Press, 1986.

ROUSSEAS, S. *Post keynesian monetary economics*. Londres: Macmillan, 1986.

SAMPAIO JR., P. A. Padrão de reciclagem da dívida externa e política econômica do Brasil em 1983 e 1984. Dissertação de mestrado. Campinas: IE/UNICAMP, 1988.

SELOWSKI, M. "Stages in the recovery of Latin America's growth", *Finance & Development*. Washington, DC, 1990.

SHAW, E. S. *Financial deepening in economic development*. Nova Iorque: Oxford University Press, 1973.

SILVA, M. E. *Teoria geral – uma interpretação pós-keynesiana*. São Paulo: IPE-USP/FIPE/FAPESP, 1991.

SMITH, W. C. *Reflexões sobre a economia política da dominação autoritária e a reorganização capitalista na Argentina contemporânea*. Estudos PECLA, vol. II, nº 2. Belo Horizonte: Departamento de Ciência Política/UFMG, 1983.

SOLIMANO, A. "Aspectos conceptuales sobre política cambiana relevantes para América Latina", in CORTÁZAR, R. (ed.), *Políticas macroecónomicas: una perspectiva latinoamericana*. Santiago: CIEPLAN, 1987.

STIGLITZ, J. E. & WEISS, A. "Credit rationing in markets with imperfect information", *The American Economic Review*, vol. 71, nº 3, 1981.

STUDART, R. "O sistema financeiro e o financiamento do crescimento: uma alternativa pós-keynesiana à visão convencional", *Revista de Economia Política*, vol. 13, nº 1. São Paulo: Nobel, 1993.

TAVARES, M. C. "O sistema financeiro brasileiro e o ciclo de expansão recente", in BELLUZZO, L. G. M. & COUTINHO, R. (orgs.), *Desenvolvimento capitalista no Brasil – Ensaios sobre a crise*, vol. 2. São Paulo: Brasiliense, 1983.

TAVARES, M.C. & BELLUZZO, L. G. M. "Uma reflexão sobre a natureza da inflação contemporânea", in REGO, J. M. (org.), *Inflação inercial, teorias sobre inflação e o Plano Cruzado*. Rio de Janeiro: Paz e Terra, 1986.

TAVARES, M. C. "As políticas de ajuste no Brasil: os limites da resistência", in TAVARES, M. C. & FIORI, J. L. (orgs.), *(Des)ajuste global e modernização conservadora*. São Paulo: Paz e Terra, 1993.

TOBIN, J. "Grandezas e limitações da 'mão invisível'", *'Carta'*. Brasília, DF, 1991.

VILLANUEVA, D. & MIRAKHOR, A. "Strategies for financial reforms: interest rate policies, stabilization, and bank supervision in developing countries", *IMF Staff Papers*, vol. 37, nº 3, Washington, DC, 1990.

VILLAREAL, R. *A contra-revolução monetarista. Teoria, política econômica e ideologia do neoliberalismo*. Rio de Janeiro: Record, 1984.

WICKSELL, K. "Money", *Lectures on political economy*, vol. II. Fairfield: Augustus M. Kelley Publishers, 1911. Tradução brasileira: *Lições de economia política*, Coleção Os Economistas. São Paulo: Nova Cultural, 1986.

WILLIAMSON, J. "What Washington means by policy reforms?", in idem (org.), *Latin America adjustment: how much has happened?* Washington, DC: Institute for International Economics, 1990.

_____. "Reformas políticas na América Latina na década de 80", *Revista de Economia Política*, vol. 12, nº 1. São Paulo: Brasiliense, 1992.

ZONINSEIN, J. "O circuito financiamento – investimento – poupança financeira", in AMADEO, E. J. (org.), *Ensaios sobre economia política moderna: teoria e história do pensamento econômico*. São Paulo: Marco Zero, 1989.

Posfácio

O DESENVOLVIMENTO FINANCEIRO LATINO-AMERICANO DIANTE DOS PROGRAMAS DE ABERTURA E DE ESTABILIZAÇÃO

Como é sabido, os sistemas financeiros dos países latino-americanos são dominados pelos sistemas bancários, sendo que os depósitos e os créditos tendem a se concentrar no curto prazo. Nos anos 80, o desenvolvimento e a expansão financeira foram condicionados essencialmente pela restrição externa e pelos processos de inflação crônica em vários países da região (Argentina, Brasil, México e Uruguai). A crise da dívida externa levou a um processo de concentração e/ou desnacionalização dos sistemas financeiros na maioria das nações latino-americanas, sendo que os remanescentes procuraram se adaptar a um contexto de baixas taxas de crescimento econômico e elevados patamares de inflação, com diversos graus de inserção financeira externa. Nesse contexto, observou-se o desenvolvimento das seguintes atividades:

a) a intermediação de títulos públicos – dadas as crescentes necessidades de financiamento do setor público diante do seu desajuste financeiro-fiscal – absorveu uma parte significativa das atividades bancárias, dando origem a um mercado monetário relativamente importante em alguns países, sobretudo no Brasil;

b) a expansão do comércio exterior, especialmente das exportações, aumentou as atividades relacionadas com seu financiamento e as operações cambiais. As operações de câmbio foram ampliadas por movimentos financeiros naqueles países com ampla liberdade na conta de capitais do balanço de pagamentos, como no Uruguai;
c) a proliferação de inovações financeiras para proteger os agentes econômicos dos riscos associados a uma elevada instabilidade de preços, fundamentalmente os mecanismos de hedge, opções e futuros de câmbio, de taxas de juros e de índices de preços. A expansão desses instrumentos foi mais acentuada nos países que apresentaram elevadas taxas de inflação, com práticas de indexação abrangentes, mas não incorreram em processos hiperinflacionários explícitos (Brasil). Nos países em que houve hiperinflações, como na Argentina, os limites da indexação, cuja imperfeição aumenta em situações de inflação descontrolada, e a própria desconfiança de que os contratos não fossem cumpridos determinaram uma importante dolarização do sistema financeiro. No Uruguai, não ocorreu um processo hiperinflacionário. A elevada dolarização derivou da ruptura dos contratos nos anos 70, durante a crise do processo de liberalização financeira, e do papel que a praça financeira uruguaia passou a exercer como refúgio para capitais em fuga, em períodos de crise nos países circunvizinhos;
d) a dolarização do crédito ao consumo e do crédito hipotecário, transferindo o risco cambial dos agentes financeiros ao tomador final (Uruguai e Argentina).

Porém a elevada rentabilidade alcançada em alguns sistemas financeiros nos anos 80 e sua expansão nesse período, mesmo em países com elevadas taxas de inflação, como no

Brasil, derivou do *float* de recursos no sistema financeiro, sobretudo nos bancos de varejo, com uma ampla rede de agências, permitindo que se apropriassem de uma parte significativa do imposto inflacionário (Baer, 1996). Com relação aos mecanismos de financiamento de longo prazo associados à expansão dos investimentos para a ampliação da capacidade produtiva e da infra-estrutura econômica, dilataram-se as deficiências anteriores. De modo geral, a demanda por esse tipo de financiamento diminuiu substancialmente com os programas de ajuste da dívida externa e a retração da taxa de investimento. Esse segmento do mercado de crédito continuou fundamentalmente de responsabilidade pública, ainda mais no novo contexto de maior instabilidade de preços e maiores riscos financeiros, que tornavam esse tipo de operações pouco atrativas aos agentes privados. Na verdade, em alguns países, houve um retrocesso, isto é, órgãos públicos especializados nessa forma de financiamento restringiram a abrangência de suas operações (NAFINSA, no México) ou foram extintos (Argentina). No Brasil, embora os créditos de fomento também tenham diminuído drasticamente, sobretudo aqueles direcionados aos setores agrícolas e imobiliários através do Banco do Brasil e da Caixa Econômica Federal, respectivamente, o Banco Nacional de Desenvolvimento Econômico e Social (BNDES) manteve os programas de financiamento de longo prazo para investimentos industriais. No Chile, a partir de uma ampla reforma financeira, abrangendo o sistema previdenciário, criou-se um sistema de aposentadorias complementar (fundos de pensão) administrado pelo setor privado (Braga, Cintra & Dain, 1995).

Os mercados de capitais latino-americanos não se desenvolveram de maneira significativa, permaneceram mercados pouco profundos e com forte concentração de investidores. A negociação ativa concentrou-se em poucas grandes empresas, sobretudo estatais. Assim, não é surpreendente que a maioria dos mercados de capitais latino-americanos seja altamente volátil: uma venda substancial de algumas dessas poucas ações líquidas desencadeia um efeito dramático no índice da bolsa. O desenvolvimento desses mercados continuou restrito pela estrutura empresarial predominantemente familiar, cujos controladores resistem à abertura de capital e a uma administração mais profissional e transparente. Inclusive, as filiais de grandes empresas transnacionais operaram como instituições de capital fechado dada a limitada capacidade de captação de recursos no mercado de capitais brasileiro. As bolsas de valores continuaram percebidas mais como cassinos do que como fontes de capitais estáveis.

Independentemente da situação macroeconômica, o início dos anos 90 foi caracterizado pela notável recuperação dos influxos de capitais privados para os países da América Latina. Assim, a restrição externa foi aliviada, condicionando mudanças nas experiências de estabilização, bem como na inserção financeira internacional desses países. A questão central para o debate que desenvolvemos no trabalho acima é: essa nova inserção financeira permitiu o desenvolvimento de uma sólida base de financiamento interna nos países da região?

O impacto da abertura financeira e da absorção de recursos externos sobre os sistemas financeiros latino-americanos não foi homogêneo e dependeu da interação de vários fatores. Além da composição dos fluxos de capitais (investimento direto ou de portfólio, títulos de dívida direta ou ações) e da estrutura prévia dos sistemas financeiros domésticos, um elemento fundamental foi a resposta da política econômica, delimitando tanto o grau da abertura como a gestão macroeconômica, o que resultou em diferentes graus de receptividade ao ingresso de recursos externos. Por exemplo, o México, a Argentina e o Uruguai optaram por uma abertura financeira ampla; enquanto o Brasil, o Chile e a Colômbia mantiveram alguns instrumentos de controle de ingresso dos capitais externos.

De modo geral, aprendemos que, embora o investimento estrangeiro direto tenha crescido nesse período, sua importância relativa no fluxo total foi menor. A maior parte do capital externo se destinou a investimentos de portfólio, aplicações de renda fixa e financiamento de comércio exterior. Cabe salientar que tanto os investimentos de portfólio, feitos essencialmente através de fundos de investimento estrangeiros, como o financiamento ao comércio exterior tendem a ser operações de curto prazo (ver Tabela 1).

Tabela 1 – Fluxo líquido de capitais para a América Latina – US$ bilhões

	1990	1991	1992	1993	1994	1995	1996
Total mercados emergentes (a)	45,7	139,8	133,4	161,0	147,0	192,8	235,2
Total América Latina (a)	10,3	24,9	55,5	61,7	44,9	35,7	77,7
Investimento estrangeiro direto	6,6	10,9	12,9	13,4	21,5	19,9	29,9
Portfólio	17,5	14,5	30,6	61,1	60,8	-7,5	27,1
Outros	-13,8	-0,5	12,0	-12,8	-37,5	23,3	20,7
Credores oficiais	8,3	3,2	-2,0	1,1	-1,7	22,7	-11,7

Fonte: FOLKERTS-LANDAU; MATHIESON & SCHINASI, 1997, p. 28.
Notas: (a) Fluxos privados.

Esse tipo de inserção financeira exigiu que os países da América Latina adaptassem seu marco regulatório às novas tendências no mercado financeiro internacional. Os países que ainda não haviam liberalizado as operações financeiras externas o fizeram no início dos anos 90. Ampliou-se a mobilidade dos fundos estrangeiros em suas aplicações nos mercados de capitais e de renda fixa e regulamentou-se a captação de recursos externos através da colocação de *commercial papers*, *export-notes*, *American Depositary Receipts* etc. (Turner, 1995). Alguns países ampliaram ainda mais suas relações financeiras com o exterior, passando a permitir a detenção, por residentes, de contas em moeda estrangeira no exterior ou no mercado interno, e se estimularam investimentos de agentes nacionais no exterior. Nesse último caso, destaca-se o Chile, que passou a exportar o "excedente" da poupança financeira acumulada pelos fundos de pensão privados.

É digna de nota a velocidade com que se procedeu à adaptação do arcabouço regulatório dessa nova etapa de inserção financeira internacional da maioria dos países latino-americanos, a despeito das experiências negativas de liberalização no Cone Sul. Nesse aspecto, não se devem subestimar os interesses de segmentos nacionais por tal forma de inserção financeira, pois grande parte do influxo de recursos correspondeu a capitais repatriados. À medida que aumentava o diferencial entre as taxas de juros dos mercados financeiros internacionais e dos países latino-americanos e, além disso, abriam-se possibilidades de ganhos de capital com os processos de privatização, alguns setores nacionais tinham interesses em uma liberalização financeira e maior mobilidade dos capitais, pois viabilizariam o repatriamento de seus recursos como capitais estrangeiros, garantindo-lhes simultaneamente mobilidade e anonimato, aspecto importante diante das incertezas quanto aos resultados dos processos de estabilização em curso (Baer, 1996).

Porém o fator decisivo para o renascimento dos fluxos de capitais privados, canalizados por intermédio dos novos mercados financeiros diretos, para os países latino-americanos, foi sem dúvida a deflação da riqueza mobiliária e imobiliária ocorrida nos países desenvolvidos entre o final dos anos 80 e os primeiros anos da década de 90. Os bancos centrais, sobretudo do Japão e dos Estados Unidos, promoveram acentuadas reduções das taxas de juros, objetivando possibilitar a digestão dos desequilíbrios patrimoniais e mitigar o peso dos serviços das dívidas sobre as empresas, bancos e famílias. Nesse contexto, os administradores de riqueza líquida – fundos de pensão, seguradoras, fundos mútuos, *hedge funds* – deslocaram uma fração marginal, mas significativa, desse capital para a América Latina, uma vez que ofereciam taxas de juros mais elevadas ou apresentavam perspectivas de altos ganhos de capitais (Belluzzo, 1997).

Assim, a um estado quase depressivo dos mercados de qualidade e a uma situação de sobreliquidez financeira causada por um período relativamente prolongado de taxas de juros baixas, agregou-se um quadro, nos "mercados emergentes", de estoques de ações depreciados, governos fortemente endividados e proprietários de empresas públicas privatizáveis distribuídas por vários setores da economia, além das perspectivas de valorização das taxas de câmbio e da manutenção de taxas de juros reais elevadas, em moeda forte, mesmo depois da estabilização econômica. Tudo isso atraiu grande volume de capital estrangeiro de curto prazo. Para impedir que esses capitais ampliassem a base monetária, o que poderia realimentar a inflação, os governos "esterilizaram" os recursos, vendendo títulos públicos e, portanto, aumentando a dívida pública interna.

Em suma, os países latino-americanos, até então submetidos às condições de ajustamento impostas pela crise da dívida externa dos anos 80, foram envolvidos no processo de globalização, executando seus programas de estabilização de acordo com as normas dos mercados financeiros diretos e liberalizados. Segundo Coutinho e Belluzzo (1996: 141),

> é preciso entender que a regra básica das estabilizações com abertura financeira é a da criação de uma oferta de ativos atraentes que possam ser encampados pelo movimento geral da globalização. Neste rol estão incluídos títulos da dívida pública, em geral curtos e de elevada liquidez; ações de empresas em processo de privatização; bônus e papéis comerciais de empresas e bancos de boa reputação; e, posteriormente, ações depreciadas de empresas privadas, especialmente, daquelas mais afetadas pela abertura econômica e pela valorização cambial, que geralmente acompanha esses programas.

Todavia esses ativos precisam prometer elevados ganhos de capital e/ou embutir prêmios de risco em suas taxas de retorno, dada a fragilidade intrínseca das moedas recémestabilizadas. Criou-se assim uma situação, em que a rápida desinflação foi acompanhada por uma queda menos acentuada das taxas de juros nominais, uma vez que as taxas de juros reais não poderiam ser reduzidas abaixo de determinados limites estabelecidos pelos investidores estrangeiros para adquirir e manter em carteira um ativo denominado em moeda fraca. Além disso, os fluxos de capitais, seja para o mercado de títulos de renda fixa, seja de renda variável, para os mercados emergentes permaneceram muito voláteis, como mostra os dados da AMG Data Services e do banco ING Barings (Pinto, 1998). Qualquer desconfiança dos investidores globais, os capitais refluem para os principais mercados internacionais, sobretudo para os títulos da dívida pública americana. Num universo de 29 fundos dedicados, apenas aos países da América Latina, que administram US$ 2,9 bilhões, o fluxo líquido durante o início de 1998 foi negativo em US$ 55,7 milhões em janeiro, US$ 124,2 milhões em fevereiro, US$ 171,1 em março, US$ 99,1 milhões em abril e US$ 100,9 em maio. Os 68 fundos de ações globais em mercados emergentes, com US$ 14,6 bilhões, também apresentaram tendência de queda (fluxo positivo no primeiro trimestre – US$ 317 milhões, US$ 279 milhões e US$ 128 milhões –, e negativo em abril, US$ 12 milhões). No caso do mercado de bônus, contudo, os 41 fundos pesquisados, que administram US$ 6 bilhões, apresentaram um acréscimo líquido de recursos. Em maio, o ritmo diminuiu, US$ 31 milhões, depois de ter atingido US$ 415,0 em abril, mas continuou positivo.

 Todos os países latino-americanos apresentaram uma economia relativamente estável com uma taxa de crescimento médio superior a 3% anuais, entre 1991-1997. A taxa média de inflação anual na região foi de 11% nos anos 90, contra mais de 300% nos anos 80. Por um lado, a redução significativa do patamar inflacionário e, conseqüentemente, a erosão de uma das principais fontes de lucro de uma parte importante do sistema financeiro, o *float*, implicou um redimensionamento do sistema, com um enxugamento das estruturas dos sistemas bancários, especialmente os de varejo. Por outro lado, as novas relações financeiras internacionais abriram oportunidades de atuação para os agentes financeiros, como na área de administração de recursos de investidores institucionais estrangeiros, na qual predominaram os bancos de investimento (totalmente estrangeiros ou associados a capitais estrangeiros), com menores estruturas operacionais. Essas instituições tenderam a assessorar processos de reestruturação de empresas (fusões e aquisições), estruturação de operações de privatização e *project finance*,[1] e lançamento de ações e títulos de empresas domésticas no país e no exterior etc. Os grandes conglomerados financeiros da região também passaram a participar mais ativamente desse segmento de mercado mediante a associação com bancos estrangeiros na área de investimentos, o que lhes possibilitou acesso a tecnologias, bem como aos mercados financeiros externos.

Em geral, nos diferentes países da região, esse segmento do sistema financeiro expandiu-se significativamente. A sustentação dessa área dinâmica depende, entretanto, de condições macroeconômicas favoráveis à permanência dos capitais externos internalizados num contexto de menor diferencial entre os juros internos e os internacionais e de menores oportunidades de ganhos com o fim dos processos de privatização das empresas públicas.

Ademais, os governos da Argentina, Brasil, México e Venezuela[2] reagiram às crises bancárias entre 1994/96 em seus países, aprofundando a abertura do setor financeiro ao capital estrangeiro e promovendo a consolidação do sistema, seja pela liquidação dos bancos mais frágeis, seja facilitando a absorção pelas instituições mais hígidas.[3] Os órgãos de regulamentação financeira também adotaram os princípios básicos do Acordo da Basiléia (ativos ponderados pelo risco), aperfeiçoaram os regimes contábeis para dificultar a maquiagem das contas e fortaleceram os sistemas de supervisão. As perspectivas de negócios atraíram diversas instituições estrangeiras para a região. Entre outubro de 1995 e abril de 1998, 24 instituições financeiras estrangeiras foram autorizadas a se instalar no Brasil, seja mediante a aquisição do controle acionário de entidades nacionais, seja mediante a constituição de subsidiária e/ou sucursal bancária, seja ainda mediante abertura de empresas de arrendamento mercantil e/ou distribuição de títulos e valores mobiliários.[4] Vale destacar a compra dos ativos do Banco Bamerindus pelo Hong Kong Shangai Bank Corporation (HSBC), tornando-se o maior banco estrangeiro do sistema financeiro brasileiro, tanto em termos de volume de ativos como em extensão de rede bancária (Freitas, 1998).

No mesmo sentido, desde 1995, o Bilbao Viscaya já investiu US$ 2,5 bilhões na aquisição de várias instituições em diversos países da América Latina, conquistando mais de 1.330 agências e ativos de US$ 40 bilhões. No México, adquiriu as redes de agências dos bancos Oriente e CREMI, as quais foram integradas ao BBV PROBURSA; na Colômbia, adquiriu a participação de 40% no capital do Banco Ganadero; na Venezuela, 40% do maior banco privado do país, qual seja, o Banco Provincial; na Argentina, 30% do capital do Banco Francés Rio de la Plata, o terceiro banco privado do país; no Brasil, assumiu o controle acionário do Excel-Econômico, sétimo banco privado nacional.

O Banco Santander também procurou ampliar sua participação nas principais economias latino-americanas, inclusive no setor varejista. Já investiu US$ 3,4 bilhões e, atualmente, controla 10 bancos comerciais e 8 bancos de investimento. Entre as aquisições efetuadas na região, destacam-se o Banco Rio de la Plata (Argentina), o Banco Osorno y Unión (Chile), o Banco Central Hispano (Porto Rico), o Banco Mexicano (México), o Banco Comercial Antioqueño (Colômbia) e o Banco de Venezuela (Venezuela) adquirido em leilão de privatização. No Brasil, o Santander investiu US$ 220 milhões para comprar 51% do capital votante e 50% do capital total do Banco Geral do Comércio e US$ 500 milhões na operação de compra do Noroeste.

Outros impactos das novas relações financeiras podem ser apreendidos a partir do destino dos recursos em seu processo de internalização:

a) as aplicações em títulos de renda fixa: a entrada de capital externo no segmento de aplicações em renda fixa (que nos países da região foi predominantemente de curto prazo) serviu de *funding* à ampliação do crédito ao consumo e da especulação imobiliária. Porém, o mercado de títulos financeiros permaneceu dominado quase que exclusivamente por papéis do governo. Esse é um legado direto da história inflacionária da América Latina, pois, como afirmamos acima, num ambiente de instabilidade de preços não há incentivo ao crescimento de um mercado de títulos de renda fixa. Inclusive, no Brasil, a maior parcela dos recursos externos, sobretudo daqueles captados pelo setor financeiro, foi direcionada para aplicações em títulos cambiais do Tesouro Nacional (mediante operações de arbitragem de juros). Porém começaram a surgir alguns novos produtos, tais como a securitização de ativos – contas a receber de cartões de créditos, financiamentos imobiliários e outros –, os chamados *project finance* etc.;
b) as aplicações em ativos financeiros de risco: os influxos de capitais nos mercados de ações, à medida que foram acompanhados por um pequeno volume de emissões primárias, respondendo a uma demanda efetiva de recursos para investimentos reais, ocasionaram um movimento de natureza fundamentalmente especulativa. Na maior parte das economias latino-americanas, o impulso observado nas bolsas de valores da região entre 1991 e 1997 foi muito superior àquele derivado da expansão dos investimentos reais. Uma das grandes dificuldades nas fases iniciais das estabilizações é exatamente a retomada dos investimentos para a ampliação da capacidade produtiva, porque as decisões de investimento tendem a ser postergadas diante das incertezas quanto aos desdobramentos do processo de estabilização.

Nessas condições, a valorização no mercado bursátil desencadeou um efeito riqueza que não ampliou o investimento produtivo, mas o consumo;
c) a captação de recursos via colocação de títulos no exterior (*fixed rate notes, commercial papers, Export Securities*, Títulos e Debêntures Conversíveis em Ações, *American Depositary Receipts* – ADRs – etc.): essa modalidade de financiamento se transformou numa fonte relevante para as grandes empresas com capacidade de participar dos mercados internacionais de capitais. Estima-se que mais de 50 empresas latino-americanas tenham suas ações cotadas na Bolsa de Nova Iorque, a maioria na forma de *American Depositary Receipts* (ADRs), outras negociadas em mercado de balcão. As emissões brutas de bônus dos países latino-americanos saltaram de US$ 23 bilhões em 1995 para US$ 54,1 bilhões em 1997. Em média, a Argentina, o Brasil e o México captaram 85% do volume total (CEPAL, 1998, Tabela A-11);
d) o financiamento do comércio exterior: o financiamento associado às exportações constitui um crédito de curto prazo, colateralizado pelas próprias exportações (ver Tabela 2). Isso faz com que esse fluxo de capital seja menos instável, funcionando como um fundo rotativo. Porém o crescimento do crédito ao comércio exterior nos anos 90 esteve diretamente relacionado com a abertura comercial na maioria dos países, pois uma parte considerável foi direcionada ao financiamento das importações. No caso brasileiro, por exemplo, 61% das importações em 1995 e 65% em 1996 foram financiados por linhas de crédito exterior com prazo entre 180 e 360 dias. As condições de prazo e custo dessas linhas eram substancialmente mais favoráveis do que as correspondentes domésticas.

Tabela 2 – Emissão de bônus, ações e empréstimos sindicalizados pelos países latino-americanos – US$ milhões

	1990	1991	1992	1993	1994	1995	1996	1977(a)
Bônus (b)	2.850	7.085	12.933	28.794	17.990	23.071	47.157	11.876
Ações	98	3.891	3.876	6.022	4.604	962	3.661	80
Empréstimos sindicalizados	3.480	6.255	6.851	7.618	3.729	9.768	10.297	3.888
Empréstimos de curto prazo (c)	100	1.770	4.355	4.778	4.295	3.487	3.248	390
Total	6.528	19.001	28.015	47.212	30.618	37.288	64.363	16.234

Fonte: FOLKERTS-LANDAU; MATHIESON & SCHINASI, 1977, p. 77.
Notas: (a) Primeiro trimestre de 1997; (b) Inclui a emissão de *Euro Medium-Term Note* (EMTN); (c) Inclui certificados de depósitos, *commercial papers*, créditos rotativos (*revolving credits*) e financiamento de operações comerciais (*trade finance*).

Mais especificamente, a abertura financeira brasileira, após 1990, envolveu a redução das barreiras à entrada de investidores estrangeiros no mercado financeiro doméstico (aplicação em títulos e valores mobiliários de companhias abertas) e a ampliação do acesso de residentes às fontes externas de financiamento (mercado de capitais internacionais). No entanto, essa flexibilização não implicou uma abertura completa do mercado financeiro doméstico. Os depósitos de não residentes no sistema bancário doméstico permaneceram proibidos. O segmento mais aberto à participação de investidores estrangeiros foi o mercado acionário, a partir da criação do Anexo IV à Resolução do Conselho Monetário Nacional nº 1.289/1987 (Prates, 1997).

A abertura no mercado acionário brasileiro acentuou a concentração das operações na maior Bolsa de Valores do país, a BOVESPA. Em 1997, a BOVESPA absorvia 93% do total negociado em todas as bolsas de valores domésticas, sendo que esse percentual era de 87% em 1996 e 85% em 1995. O mercado secundário de ações foi o segmento mais atingido pelo processo de abertura. A quase totalidade dos investimentos de portfólio estrangeiros se direcionou à aquisição de ações de primeira linha das empresas estatais em processo de privatização (TELEBRÁS, ELETROBRÁS, Companhia Vale do Rio Doce e PETROBRÁS). Assim sendo, o aumento da participação estrangeira não contribuiu para a redução do grau de concentração do mercado. As negociações no mercado à vista, envolvendo as 10 ações mais negociadas, correspondiam a 81,87% em 1992 e 81,85% do total em 1997. As negociações com a ação mais negociada (TELEBRÁS) correspondiam a 54,79% em 1992 e 55,86% em 1997. Portanto o mercado acionário brasileiro continuou uma fonte marginal de financiamento das empresas. O volume de emissões entre 1992 e 1997 foi de apenas US$ 11 bilhões, dos quais a maior parte constituiu captação de recursos pelas empresas estatais. O lançamento de ações das empresas privadas teve como principal estímulo a captação de recursos no mercado internacional através de ADR Nível III, como da Aracruz, Multicanal e do Grupo Pão de Açúcar (Prates, 1998).

O financiamento pouco significativo mediante a emissão de ações, apesar da dinamização do mercado secundário, esteve relacionado a vários fatores, entre os quais:

a) a abertura financeira não resultou num aumento do valor de mercado e da liquidez das ações das empresas privadas, o que desestimulou a demanda dos investidores e a realização de novas emissões pelas empresas;

b) os processos de fusão e aquisição, com participação ativa dos investidores estrangeiros, também desestimulou a abertura de capital. Os controladores optaram por negociar o controle em vez de abrir o capital. Além disso, o movimento de desnacionalização do setor produtivo resultou, em alguns casos, no fechamento de capital de empresa anteriormente listada em bolsa. De modo geral, as empresas estrangeiras permaneceram de capital fechado, com fonte de financiamento essencialmente externa;

c) a captação de recursos mediante emissão de títulos de renda fixa no exterior constitui uma opção de financiamento relativamente mais barata, sem exigir uma abertura de capital das empresas de grande porte;

d) a manutenção de baixas taxas de crescimento, bem como de taxas de juros em patamares muito elevados no mercado financeiro doméstico também desestimulou a abertura de capital, pois os investidores exigiam deságios em relação ao valor patrimonial para subscrever ações.

Assim, fica evidente que o aumento da capitalização e da liquidez no mercado secundário é condição necessária, porém não suficiente, para a superação das fragilidades estruturais do mercado de capitais como fonte de financiamento das empresas. Todavia, a despeito de os custos envolvidos na abertura de capital e manutenção do registro em Bolsa serem muito elevados para as empresas de médio porte (taxas pagas à Comissão de Valores Mobiliários e à Bolsa, publicações obrigatórias, necessidade de manter um departamento de relações com o acionista e outro de relações com o mercado), a abertura financeira facilitou o processo de abertura de capital, pois implicou uma crescente padronização das práticas e demonstrativos contábeis e dos procedimentos de abertura de capital, lançamento de títulos e listagem em bolsa.

O setor privado (financeiro e não financeiro) foi responsável pela maior parte das captações externas, com destaque para o primeiro, utilizando os recursos para repasse, bem como para arbitragens de taxas de juros (dada a eliminação da necessidade de casar a captação externa com a demanda interna).[5] Como no Brasil não foram permitidos depósitos de não residentes, o único instrumento de canalização de capitais externos através do sistema bancário foi os repasses de recursos captados pelos bancos através da emissão de títulos no exterior no âmbito das Resoluções nº 63/1967 (instrumento mais antigo de repasse de recursos externos pelos bancos às empresas), nº 2.148/1995 (financiamento de custeio, investimento e comercialização da produção agropecuária), nº 2.170/1996 (financiamento para construção e/ou aquisição de imóveis novos), nº 2.312/1996 (repasse para empresas exportadoras). Entre os novos instrumentos, apenas a Resolução de nº 2.148/1995, que regulamentou os financiamentos ao setor rural, captou um volume expressivo de recursos. Entretanto esses recursos não foram repassados na sua totalidade à agricultura, pois foram utilizados, recorrentemente, nas operações de arbitragem com títulos cambiais. As captações e, conseqüentemente, os repasses efetivos ao setor imobiliário e às empresas exportadoras foram insignificantes.

Segundo estimativas dos principais bancos repassadores de recursos externos, 80% do total captado no âmbito da Resolução nº 63/1967 foram utilizados para alongamento e redução do custo do passivo das empresas, que trocaram uma dívida de curto prazo em moeda nacional, com juros elevados, por uma dívida de médio prazo indexada à variação cambial. O custo dessas linhas de crédito dependeu do porte da empresa e se situou num intervalo de 20% a.a. a 35% a.a., acrescida da correção cambial. Como o custo total para os bancos ficou em torno de 11% no período considerado, o ganho financeiro obtido nessas operações foi expressivo. Os bancos captaram recursos com prazo de no mínimo 2 anos e repassaram em diversos prazos que variaram de 30 dias a 3 anos, sendo que a maior parte ficou em torno de 90 dias, para diferentes tomadores finais (Prates & Freitas, 1998).

Dito isso, podemos apreender que, se é verdade que a inflação alta, num ambiente de instabilidade, contribuiu para enfraquecer as instituições financeiras e estimular a fuga de capitais – dois fatores que deprimiram os índices de poupança macroeconômica nos países latino-americanos –, os programas de estabilização recente associados à desregulamentação dos mercados financeiros domésticos e à liberalização dos fluxos de capitais não possibilitaram um aumento de seus índices de poupança, exceto no Chile e no Equador. Em alguns casos, de fato, ocorreu exatamente o contrário. Assim, mais uma vez a experiência histórica mostrou que a estabilização e a liberalização financeira interna e externa não foram suficientes, por si só, para aumentar a poupança dos países latino-americanos. Essas limitações do processo de liberalização foram reconhecidas até mesmo pela revista *The Economist* em relatório especial sobre "as finanças na América Latina" (Minton-Beddoes, 1995: 9). Noutras palavras, embora a liberalização financeira interna e externa possa ter proporcionado um aumento da poupança financeira (estoque de ativos financeiros), num contexto de estabilidade de preços, ela implicou uma queda da poupança macroeconômica, vale dizer, do fluxo de financiamento ou *funding* dos novos investimentos.

A tabela a seguir mostra o comportamento da poupança nacional bruta, da poupança externa e do investimento interno bruto em alguns países da América Latina em que houve um acelerado influxo de capitais nos anos 90. Fica evidente que os

Tabela 3 – Alguns indicadores macroeconômicos de países da América Latina (% do PIB)

País/Período	PNB (a)	PE (b)	IIB (c)	País/Período	PNB (a)	PE (b)	IIB (c)
Argentina (d)				**Equador**			
1983-1989	16.3	2.2	18.5	1983-1989	13.8	6.0	19.8
1990-1991	15.7	-1.4	14.3	1990-1991	17.5	2.3	19.8
1992-1994	15.5	2.9	18.4	1992-1994	18.3	2.1	20.4
1995-1996	16.6	1.2	17.8	1995-1996	16.0	1.8	17.8
Brasil				**México**			
1983-1989	20.9	0.7	21.5	1983-1989	21.6	-0.9	20.7
1990-1991	19.6	0.6	20.2	1990-1991	19.5	3.7	23.2
1992-1994	19.6	-0.4	19.3	1992-1994	15.5	6.5	22.0
1995-1996	16.8	2.5	19.2	1995-1996	21.0	0.5	21.5
Colômbia (e)				**Paraguai (d)**			
1983-1989	19.1	0.6	19.7	1983-1989	15.6	7.9	23.5
1990-1991	22.0	-4.8	17.2	1990-1991	18.6	5.2	23.8
1992-1994	19.0	1.5	20.5	1992-1994	10.1	10.3	23.1
1995-1996	15.6	5.5	21.0	1995-1996	8.2	5.1	23.6
Chile				**Peru**			
1983-1989	13.6	5.8	19.3	1983-1989	20.2	2.5	22.8
1990-1991	24.2	1.2	25.4	1990-1991	18.3	2.3	20.6
1992-1994	24.7	2.8	27.4	1992-1994	16.9	5.0	21.9
1995-1996	25.4	2.1	27.5	1995-1996	18.7	6.0	24.6

Fonte: CEPAL, "Contas nacionais e balanços de pagamentos de países da América Latina", in HELD & SZALACHMAN, 1998.

Notas: (a) Poupança Nacional Bruta; (b) Poupança Externa; (c) Investimento Interno Bruto; (d) Poupança nacional obtida como resíduo entre o investimento interno presente nas contas nacionais e o saldo na conta corrente do balanço de pagamentos; (e) Poupança nacional de 1996 determinada como na nota d.

aumentos de poupança externa foram acompanhados por reduções substanciais na poupança nacional, exceto no Chile e no Equador. No México, o investimento em percentagem do PIB aumentou apenas dois pontos percentuais entre 1983-89 e 1992-94, diante de um aumento na poupança externa superior a sete pontos percentuais. No Paraguai, o aumento na poupança externa de quase cinco pontos entre 1990-91 e 1992-94 foi acompanhado por uma queda semelhante na poupança nacional, e o investimento interno permaneceu praticamente inalterado. Igualmente, no Brasil, um aumento da poupança externa em relação ao PIB entre 1992-94 e 1995 não aumentou a taxa de investimento. No Chile, a queda da poupança externa correspondeu a um aumento na poupança nacional, entre 1983-89 e 1992-94. A poupança nacional bruta aumentou de 13,6% do PIB em 1983-89 para 24% em 1992-94 e para 25,4% em 1995-96.

A expansão do crédito bancário privado associado ao efeito riqueza desencadeado pela valorização cambial num contexto de abertura comercial, que reduziu as tarifas de importação, possibilitou uma explosão do consumo, da construção e dos investimentos imobiliários em vários países da região latino-americana. Assim, a liberalização financeira associada a elevados déficits em conta corrente em vários países com influxo de capitais externos nos anos 90 ocasionou: elevação das taxas de juros, queda no investimento produtivo e na poupança macroeconômica, desencadeando uma redução na taxa de crescimento do produto e uma deterioração da conta corrente do balanço de pagamento (Frenkel, 1994). Isso determinou o aparecimento de um risco sistêmico potencial associado à evolução da paridade cambial, à medida que a maior parte do crédito foi direcionada para atividades não comercializáveis.[6]

Em suma, esses indicadores sugerem que houve uma substituição entre poupança nacional e poupança externa, como ocorreu nas experiências de liberalização financeira dos países do Cone Sul no final dos anos 70, onde a expansão da liquidez e do crédito bancário induziu um crescimento do consumo e da poupança financeira, sem elevar a poupança macroeconômica doméstica.

A expansão do sistema financeiro desregulamentado e aberto impulsionada pela entrada de capitais também não propiciou a criação de instrumentos e instituições de mobilização da poupança para suportar o financiamento de longo prazo. Em muitos casos, a despeito da redução da inflação e do aumento observado nos indicadores de "aprofundamento financeiro", os depósitos e os créditos bancários persistiram no curto prazo. No Brasil, por exemplo, os ativos financeiros domésticos ainda mantiveram a característica de quase-moedas e, apesar dos esforços das autoridades, não foi possível mudar substancialmente as relações entre o Banco Central e o sistema bancário, no que se refere ao giro e à liquidez dos títulos públicos. No México e na Argentina, como em outras economias menores, por exemplo a Bolívia e o Peru, a evolução recente dos sistemas financeiros se assemelha à observada nas experiências do Cone Sul no final dos anos 70, agravada pelo fato de que em alguns casos tem ocorrido uma clara tendência à dolarização do sistema financeiro formal (Damill, Fanelli & Frenkel, 1996). O grau de dolarização do sistema bancário brasileiro, como um todo e por tipo de instituição, ainda é pequeno, em torno de 20% do total de ativos das instituições privadas. No México, essa relação atingiu mais de 30% e na Argentina, quase 50% em 1994. Se a Argentina mantiver seu *currency board*, seu sistema financeiro será mais internacionalizado e sua economia, cada vez mais dolarizada.

Ademais, a fragilidade financeira de alguns bancos mexicanos é significativa, uma vez que não houve reestruturação bancária relevante após o colapso de 1994.[7] O sistema financeiro argentino também apresenta-se vulnerável, a despeito da concentração ocorrida após o último plano de estabilização. Desde 1995, cerca de 40% dos duzentos bancos argentinos foram engolidos por outras instituições mais fortes, mas ainda há bancos requerendo injeções de capital. O seguro de depósito argentino – em torno de US$ 700 milhões – cobre cerca de

1% dos recursos depositado no sistema. No Brasil, não há uma exposição predominante de risco cambial no setor bancário. Os débitos externos totalizavam US$ 35 bilhões em julho de 1997 e estavam "ancorados" no *hedge* correspondente, estabelecido em títulos públicos com indexação cambial.

Assim, do nosso ponto de vista, a estruturação de um sistema que atenda às necessidades de financiamento de longo prazo permanece como o maior desafio na área financeira da América Latina. A consolidação da estabilização das economias latino-americanas passa pela retomada do crescimento com controle do balanço de pagamentos. Isso significa ampliar a capacidade de oferta de bens para o mercado interno e externo, o que supõe, dada a capacidade de produção instalada, uma elevação significativa da taxa de investimento.

As decisões de investimento dependem das expectativas favoráveis quanto ao quadro macroeconômico no médio e longo prazo e da disponibilidade de financiamento de longo prazo em condições compatíveis com as perspectivas dos negócios. Até o presente momento, não se pode afirmar que essas condições estejam garantidas. O cálculo empresarial de médio e longo prazo requer clareza quanto à sustentabilidade do programa antiinflacionário, à inserção internacional desejada para cada país e às prioridades de desenvolvimento. Além disso, requer perspectivas quanto ao patamar das taxas de juros e de câmbio, determinantes cruciais nas decisões de investimento num contexto de globalização das unidades produtivas. Com relação à disponibilidade de financiamento, é imprescindível que uma parte crescente do financiamento de longo prazo seja gerada internamente, para diminuir o grau de endividamento externo das economias. Como afirmam Coutinho e Belluzzo (1996: 140), "se alguma lição pode ser extraída da chamada 'década perdida', ela tem a ver com as conseqüências funestas de se tornar a economia excessivamente dependente do financiamento externo".

Em resumo, os programas de estabilização dos anos 90 ancorados na taxa de câmbio e no influxo de capitais externos evidenciaram que a inflação baixa é condição necessária, porém não suficiente, para ampliar e consolidar uma base de financiamento interno de longo prazo. Daí a necessidade de se retomar o debate sobre a estruturação de sistemas financeiros adequados ao desenvolvimento das economias da região. As perspectivas de desenvolvimento de grandes volumes de poupança institucional na maioria dos países latino-americanos são limitadas. A estrutura de crédito de longo prazo, por mais restrita que tenha sido, desempenhou um papel importante no passado, que poderá ser ampliado. Por sua vez, o mercado de capitais, com mecanismos, procedimentos e agentes padronizados e organizados, atende às necessidades de um contingente muito específico de agentes econômicos, geralmente de grande porte e detentores de capacidade de autofinanciamento e de acesso ao mercado financeiro internacional. O sistema interno de crédito de longo prazo cumpre um papel crucial para um grande número de agentes que dificilmente se beneficiariam do desenvolvimento do mercado de capitais. Ou seja, o crédito bancário continuará a fonte de financiamento de longo prazo predominante nos próximos anos (Baer, 1996).

Isso não significa que não haja espaço para um maior desenvolvimento do mercado de capitais, a partir dos processos de privatização, de mudanças na regulamentação das empresas, da abertura de capitais de grandes grupos e da ampliação da poupança institucionalizada. Essa última poderá ser dilatada com a reforma previdenciária e a criação dos fundos de pensão a partir da aposentadoria complementar, como ocorreu no Chile. Todo esse processo, entretanto, tende a evoluir muito lentamente. É nesse sentido que defendemos a hipótese de que o financiamento de longo prazo deverá ser predominantemente gerado, pelo menos no médio prazo, pelo sistema de crédito e os bancos públicos deverão desempenhar uma função coordenadora e diretiva importante nesse processo.

A questão central na consolidação de uma base interna de financiamento de longo prazo refere-se ao seu *funding*, o que nos remete ao problema da poupança financeira. Os fundos de pensão e as seguradoras poderão contribuir para o crescimento econômico apenas se essa poupança financeira for direcionada ao financiamento do investimento produtivo, através do mercado de crédito (certificados de depósitos bancários) ou de capitais (ações ou títulos de renda fixa). Novamente, aqui se exigirá um papel central do Estado, seja na definição dos aspectos institucionais, seja no direcionamento das aplicações.[8] Caso contrário, essas poupanças financeiras ficarão sob a custódia de administradores profissionais, equipados com modelos de alocação de recursos, em busca dos retornos mais elevados e, portanto, geralmente, se concentrando em operações de curto prazo (Cintra, 1997).

Ademais, a parte mais relevante da poupança financeira direcionada ao investimento é gerada pelas próprias empresas e, portanto, está associada ao ritmo de crescimento econômico e aos aumentos de produtividade. Nas palavras de Baer (1996: 18), "a principal fonte de *funding* do sistema como um todo é a capacidade de autofinanciamento das empresas e esta somente se expande em períodos de crescimento sustentado, criando um ciclo virtuoso entre crescimento e *funding*".

Mais uma vez os países latino-americanos efetuaram uma inserção pura e simples nos fluxos internacionais de capitais. Na fase atual, predomina a entrada de bancos estrangeiros nos mercados nacionais para promover o saneamento dos sistemas; os investimentos de portfólio nos mercados de capitais domésticos e a emissão de bônus, ações e recibos de depósitos de ações no mercado internacional. O aumento da participação dos bancos estrangeiros nos mercados internos poderá promover um aperfeiçoamento técnico e uma maior concorrência nos segmentos de varejo, mas dificilmente possibilitará um alongamento dos prazos nas suas transações domésticas. O acesso dos investidores estrangeiros às bolsas de valores, dado que o mercado permanece muito concentrado em poucas empresas estatais recém-privatizadas, também terá impacto pouco significativo no financiamento produtivo. A ampliação das oportunidades de captação de recursos no exterior favorece apenas uma parcela das empresas, sobretudo as grandes, com elevada capacidade de autofinanciamento. Em suma, a natureza da inserção financeira atual é insuficiente para a retomada do crescimento econômico sustentado na maioria dos países da região. O desenvolvimento financeiro a partir da estabilização está longe de ser automático, pois, além das exigências em termos de regulamentação e supervisão, a dinâmica do mercado não cobre as demandas financeiras impostas pelas necessidades do desenvolvimento, como afirmamos acima. Isso não significa ressuscitar os antigos modelos de financiamento desenvolvimentistas, apoiados em operações de redesconto seletivo e em recursos fiscais e parafiscais, mas é imprescindível que os Estados latino-americanos cumpram suas tarefas de maneira inovadora, uma vez que não é factível esperar-se, pelo menos no médio prazo, que o setor financeiro privado seja capaz de desempenhar sozinho o papel das agências de fomento ágeis e bem estruturadas, dadas as especificidades do desenvolvimento econômico.

Notas

1. O *project finance* representa um modo inovador de financiar grandes projetos de infra-estrutura. O formato de estruturação recente implica uma complexa divisão e transferência de risco por parte dos agentes envolvidos (Ferreira, 1995).
2. A partir de 1989, a Venezuela começou a desregulamentar seu sistema bancário, permitindo que os bancos concorressem por depósitos. Alguns bancos cresceram rapidamente, oferecendo taxas de captação elevadas e realizando empréstimos de alto risco. Conseqüentemente, em janeiro de 1994, faliu o Banco Latino, o segundo maior banco do país. Em seguida, numa reação em cadeia, mais da metade dos 47 bancos comerciais do país necessitaram de auxílio financeiro da agência estatal garantidora dos depósitos; 16 foram nacionalizados ou fechados (*The Economist*, 1997).
3. Os sistemas financeiros venezuelano e argentino encontram-se mais internacionalizados. Entre as 41 instituições restantes na Venezuela, após a reestruturação entre 1994-1998, os bancos de controle estrangeiro ficaram responsáveis por mais da metade dos US$ 20,3 bilhões de ativos do sistema (Collit, 1998). Na Argentina, as instituições de capital externo dominaram 24% dos ativos bancários; no Brasil esse índice atingiu 22,5%, com a compra de participação do Banco Real pelo banco holandês ABN AMRO Bank; no Chile, o índice alcançou 22%; no México, na Colômbia e no Peru, foi para 16% (Carvalho, 1998).
4. Estima-se que, em compras, fusões, associações ou expansão, já ingressaram mais de US$ 2,5 bilhões no setor financeiro brasileiro.
5. A dívida externa das empresas privadas brasileiras pulou de US$ 37,3 bilhões em 1995 para US$ 108,5 bilhões em junho de 1998, com um crescimento de 190,68%, segundo dados do Banco Central (Rodrigues, 1998).
6. Uma mensuração indireta da vulnerabilidade financeira externa, realizada pela J. P. Morgan soma o estoque de dívida de curto prazo e as

7   A despeito da criação do Fundo Bancário de Proteção à Poupança (FOBAPROA) que comprou dos bancos cerca de US$ 42 bilhões em dívidas de recuperação duvidosa, correspondendo a mais de 14% do PIB de 1997 (Garcia, 1998). A reestruturação bancária brasileira, mediante o Programa de Estímulo à Reestruturação e ao Fortalecimento do Sistema Financeiro Nacional (PROER) de 1995, já absorveu R$ 20,8 bilhões.

8   Ferreira & Freitas (1995) realizaram uma tentativa de redefinir o perfil institucional das instituições financeiras de fomento latino-americanas, a fim de apoiar as micro, pequenas e médias empresas, o financiamento do desenvolvimento tecnológico e o *project finance*, a partir da experiência internacional. Nesse sentido, sugeriram uma maior atuação das instituições financeiras de fomento nos mercados de capitais, seja como fonte de *funding* de longo prazo, seja em operações ativas mediante participações acionárias, prestação de garantias e criação e administração de fundos de investimentos. Ver, também, Correa (1996) que propõe algumas diretrizes à atuação do BNDES.

Bibliografia

BAER, M. "Os mercados financeiros latino-americanos a partir da reinserção internacional e das experiências de estabilização nos anos 90", trabalho apresentado no seminário promovido pelo BID/Japan Development Bank – Policy-Based Finance and the Alternatives for Financial Market Development – Application to Latin American and the Carribean of the Lessons from East Asia. Rio de Janeiro: BNDES, 1-2 de fevereiro de 1996, 1996.
BARROS, J. R. M. de & ALMEIDA JR., M. F. de. *Análise do ajuste do sistema financeiro no Brasil*. Brasília, DF: Ministério da Fazenda/ Secretaria de Política Econômica (*on-line*), 1997.
BARROS, J. R. M. de; LOYOLA, G. J. L. & BOGDANSKI, J. *Reestruturação do setor financeiro*. Brasília, DF: Ministério da Fazenda/Secretaria de Política Econômica (*on-line*), 1998.
BARROS, L. C. M. de B. & GOLDENSTEIN, L. "O BNDES e o financiamento da reestruturação industrial", *Estudos Avançados*, vol. 11, nº 30. São Paulo: Instituto de Estudos Avançados da Universidade de São Paulo, pp. 463-468, 1997. Esse artigo foi publicado também na *Gazeta Mercantil*, 26/8/1997, pp. A-4, São Paulo.
BELLUZZO, L. G. de M. "Voando baixo do México a Bancoc", *Folha de S. Paulo*, 13/7/1997, p. 8, Caderno 2 – Dinheiro.
BRAGA, J. C. de S. "La restruturación de las finanzas (la moneda y el desarrollo en Brasil)", *Investigación Económica*, nº 203. México: Facultad de Economía/Universidad Nacional Autónoma de México, pp. 103-140, 1993.
BRAGA, J. C. de S.; CINTRA, M. A. M. & DAIN, S. "Financing the public sector in Latin America", *Discussion Papers*, nº 102. Genebra: UNCTAD, 1995. Existe uma versão desse trabalho em portu-

guês: "A instabilidade das finanças públicas da América Latina", *Ensaios FEE*, ano 16, nº 2. Porto Alegre: Fundação de Economia e Estatística Siegfried Emanuel Heuser, 1995, pp. 591-729.

CARVALHO, M. C. "Santander é o maior da AL", *Gazeta Mercantil*, 10/7/1998, São Paulo, p. B-4.

CEPAL. *Impacto de la crisis asiática en América Latina*. Santiago: Comisión Económica para América Latina y el Caribe (LC/G. 2026/SES. 27/23), 1998.

CINTRA, M. A. M. As transformações na estrutura do sistema financeiro dos Estados Unidos: a montagem de um novo regime monetário-financeiro (1980-1995). Tese de doutorado. Campinas: IE/UNICAMP, 1997.

COLLIT, R. "Fusões agitam bancos na Venezuela", *Financial Times*, 1998, republicado na *Gazeta Mercantil*, 31/3/1998, São Paulo, p. B-24.

CORREA, P. G. "Desenvolvimento econômico e mercado financeiro: considerações sobre o papel dos bancos públicos e implicações normativas", *Revista* do *BNDES*, vol. 3, nº 5. Rio de Janeiro: BNDES, pp. 235-246, 1996.

COUTINHO, L. G. & BELLUZZO, L. G. de M. "Desenvolvimento e estabilização sob finanças globalizadas", *Economia e Sociedade*, nº 7. Campinas: IE/UNICAMP, pp. 129-154, 1996.

DAMILL, M.; FANELLI, J. M. & FRENKEL, R. "De México a México: el desempeño de América Latina en los 90", *Revista de Economia Política*, vol. 16, nº 4. São Paulo: Nobel, pp. 115-142, 1996.

ECONOMIST (THE) "Fragile, handle with care. A survey of banking in emerging markets". Londres, 12/abr. 1997. Este *survey* foi republicado na *Gazeta Mercantil*, entre os dias 16 e 29 de abril de 1997, São Paulo.

FERREIRA, C. K. L. O financiamento da indústria e infra-estrutura no Brasil: crédito de longo prazo e mercado de capitais. Tese de doutorado. Campinas: IE/UNICAMP, 1995.

FERREIRA, C. K. L. & FREITAS, M. C. P. de. "Os bancos de desenvolvimento frente ao mercado de capitais e aos novos intermediários financeiros". Trabalho vencedor do XVI Concurso Latinoamericano sobre Bancos de Fomento 1994/1995, realizado pela Asociación Latinoamericana de Instituciones Financieras de Desarrollo (ALIDE), 1995.

FOLKERTS-LANDAU, D.; MATHIESON, D. J. & SCHINASI, G. J. *International capital markets. Developments, prospects, and*

key policy issues. Washington, DC: International Monetary Fund (World Economic and Financial Surveys), 1997.
FRANCO, G. H. B. A inserção externa e o desenvolvimento. Brasília, DF (mimeo), 1996.
FREITAS, M. C. P. de "A abertura do sistema bancário brasileiro ao capital estrangeiro", in FREITAS, M. C. P. de (coord.); PRATES, D. M. & CINTRA, M. A. M., Abertura externa e sistema financeiro. São Paulo: Relatório de Pesquisa, Convênio IPEA/FUNDAP (mimeo), 1998.
FRENKEL, R. (ed.) El fortalecimiento del sector financiero en el proceso de ajuste: liberalización y regulación. Nova Iorque: Banco Interamericano de Desarrollo/ Buenos Aires: Centro de Estudios de Estado y Sociedad, 1994.
GARCIA, M. E. "Bancos: resgate sem glória", América Economia, nº 138. São Paulo, 30/7/1998, pp. 52-55.
HELD, G. & SZALACHMAN, R. "Flujos de capital externo en América Latina y el Caribe en los años noventa: experiencias y políticas", Revista de la CEPAL, nº 64. Santiago: CEPAL, pp. 29-46, 1998.
MINTON-BEDDOES, Z. "As finanças na América Latina", Survey The Economist republicado na Gazeta Mercantil, 20/12/1995, Relatório Especial, São Paulo.
MIRANDA, J. C. da R. "A dinâmica financeira da crise asiática", Política Externa, vol. 6, nº 4. São Paulo: Paz e Terra, pp. 130-150, 1998.
PINTO, C. "A sangria nas bolsas latinas", Folha de S. Paulo, 16/6/1998. São Paulo, pp. 1-11, 1998.
PRATES, D. M. A abertura financeira e vulnerabilidade externa a economia brasileira na década de noventa. Dissertação de mestrado. Campinas: IE/UNICAMP, 1997.
_____. "Investimentos de portfólio no mercado financeiro doméstico", in FREITAS, M. C. P. de (coord.); PRATES, D. M. & CINTRA, M. A. M. Abertura externa e sistema financeiro. São Paulo: Relatório de Pesquisa, Convênio IPEA/FUNDAP (mimeo), 1998.
PRATES, D. M. & FREITAS, M. C. P. de "Captação de recursos externos", in FREITAS, M. C. P. de (coord.); PRATES, D. M. & CINTRA, M. A. M. Abertura externa e sistema financeiro. São Paulo: Relatório de Pesquisa, Convênio IPEA/FUNDAP (mimeo), 1998.
RODRIGUES, F. "Dívida externa privada vai a US$ 108 bilhões", Folha de S. Paulo, 30/8/1998. São Paulo, p. 2-1.
SINGH, A. "The stock-market and economic development: should developing countries encourage stock-markets?", UNCTAD Discussion Paper, nº 49. Genebra: UNCTAD, 1992.
TURNER, P. "Capital flows in Latin America: a new phase", Economic Papers, nº 44. Basle: Bank for International Settlements (BIS), 1995.

Impresso nas
Oficinas Gráficas da
Universidade Estadual de Campinas
E-mail: grafica@dga.unicamp.br